오스왈드
챔버스와
함께하는
하루

오스왈드 챔버스 Oswald Chambers, 1874-1917

오스왈드 챔버스는 찰스 스펄전의 설교를 듣고 십대에 회심했다. 에딘버러(Edinburgh) 대학에서 예술과 고고학을 공부했지만 부르심을 받고 더눈(Dunoon) 대학에서 신학을 공부한 후 목사가 되었다. 1906년부터 1910년까지 미국, 영국, 일본 등지를 순회하며 성경을 가르치는 사역을 하였다.

1911년 런던의 클래펌(Clapham)에 성경훈련대학(the Bible College)을 세우고 그곳에서 강의를 하다가 1915년 10월 YMCA 소속 목사로 이집트의 자이툰(Zeitoun)으로 갔다. 그는 그곳에 주둔해 있던 호주와 뉴질랜드 군대에서 사역하던 중 1917년 11월 15일 43세의 젊은 나이에 소천했다. 하지만 그가 기독교 역사에 남긴 흔적은 실로 놀랍다.

특히 「주님은 나의 최고봉」은 출간 이후 전 세계적으로 사랑을 받으면서 기독교의 고전 중에 고전이 되었다. 미국 기독교 역사상 60년 최장기 베스트셀러라는 대기록도 세웠다. 얼마 전 미국의 크리스천을 대상으로 한 설문조사에서 향후 100년 후에도 책꽂이에 꽂혀 있을 책 3권 중에 첫 번째를 차지했다.

Grace & Truth : A Holy Pursuit

©2013 by Oswald Chambers Publications Assn., Ltd.
Complied and Edited by Julie Ackerman Link
All rights reserved

Published by special arrangement with Discovery House Publishers,
3000 Kraft Avenue SE, Grand Rapids, Michigan 49512 USA.

Korean translation copyright ⓒ 2014 by Togijangi Publishing House
Togijangi B/D 3F, 418-43 Mangwon-Dong, Mapo-Gu, Seoul, Korea

This Korean edition is published by arrangement with Discovery House Publishers
(3000 Kraft Avenue SE, Grand Rapids, Michigan 49512 USA.)

본 저작물의 한국어판 저작권은 Discovery House Publishers 와의 독점 계약으로 한국어 판권을 '도서출판 토기장이'가 소유합니다. 저작권법에 의하여 한국 내에서 보호를 받는 저작물이므로 무단 전재와 무단 복제를 금합니다.

특별한 표기가 없는 모든 성경 구절은 개역개정성경을 인용한 것입니다.

오스왈드 챔버스와 **함께하는** 하루

오스왈드 챔버스 지음 · 스데반 황 옮김

도서출판 **토기장이**

> 편집자
> 이야기

「주님은 나의 최고봉」에서 못다 한 이야기를 펴내며

많은 사람들이 오스왈드 챔버스 하면 「주님은 나의 최고봉」을 가장 먼저 떠올립니다. 이 책은 "100년 후에도 서재에 꽂혀 있을 책은 무엇인가"라는 미국의 한 설문조사에서 1위를 차지할 정도로 기독교출판 역사상 가장 오랫동안 사랑을 받아온 고전 중에 고전으로 인정받는 책입니다. 지금까지 저희는 이 책을 한영(韓英)합본, 큰 글자 특별판 등 여러 버전으로 출간했고, 이러한 노력을 통해 어렵고도 래디컬한 챔버스 목사님의 메시지가 한국교회와 개인의 회개와 회복을 촉구하는 강한 깨달음으로 전해졌습니다.

'오스왈드 챔버스 시리즈'의 스물일곱 번째 책인 「오스왈드 챔버스와 함께하는 하루」역시 거룩의 회복을 꿈꾸며 만든 책입니다. 이 책은 "거룩을 추구하는 은혜와 진리"(Grace & Truth : A Holy Pursuit)를 주제로, 은혜와 진리가 충만하셨던 예수 그리스도를 깊이 묵상하며 그분을 닮아가도록 이끌어 줍니다.

「오스왈드 챔버스와 함께하는 하루」에는 「주님은 나의 최고봉」에서 못다 한 이야기가 담겨 있습니다. 여기서 못다 한 이야기란 챔버스가 생전에 늘 외쳤던 메시지 바로 "거룩하라"입니다. 이 책을 묵상하다 보면 이 세대를 향한 그의 들끓는 심정이 생생하게 느껴지는 듯합니다. "이제는 제발 순종하라!" "이제는 제발 거듭난 삶을 살아가라!" "이제는 제발 진짜 성도가 되라!" "이제는 제발 거룩을 회복하라!"

이 책은 독자들이 천천히 묵상할 수 있도록 본문을 두 부분으로 짧게 나누어 편집했습니다. 이 책을 읽다가 마음을 울리는 문장을 만나면 멈추어 성령님이 들려주시는 음성에 귀 기울이십시오. 또한 예리한 묵상 질문을 통해 삶의 변화를 일으키는 깊은 고민에 빠지십시오.

이 책이 지식을 늘리는 것이 아닌 거룩한 삶을 살아가게 하는 메시지가 되기를 소망합니다. 이제 은혜와 진리를 붙듦으로 치열하게 거룩을 추구하십시오!

토기장이 편집실에서

은혜와 진리는 동반자입니다

"율법은 모세로 말미암아 주어진 것이요 은혜와 진리는 예수 그리스도로 말미암아 온 것이라"(요 1:17).

은혜와 진리, 당신은 이 두 개념을 어떻게 조화시킬 수 있나요? 사실 그것은 쉽지 않습니다. 서로 모순되어 보이기 때문입니다. 진리는 엄격하고 강해 보이고, 은혜는 부드럽고 유연해 보입니다. 또한 은혜의 길은 진리의 길을 우회하는 것처럼 보입니다.

성경은 진리를 강조합니다. 그렇다면 어디서 은혜에 대한 여지를 발견할 수 있을까요? 오스왈드 챔버스는 '은혜는 하나님의 흘러넘치는 본성'이라고 말합니다. 그리고 그 증거로 '창조'를 듭니다. 그는 하나님께서 창조하신 자연을 바라보며 "하나님의 풍성하심을 말로 다 표현할 수 없도다"라고 고백합니다. 진정 자연이야말로 하나님께서 몇몇 뛰어난 사람들에게만이 아닌 모든 사람에게 은혜를 베풀어 주신다는 것을 보여 줍니다.

챔버스는 진리를 사실의 정확성뿐 아니라 '하나님께 정확히 부합하는 것'이라고 말합니다. 그는 여러 성경 구절을 통해 은혜가 진리의 거룩한 표현임을 보여 줍니다.

은혜는 하나님께서 우리와 교통하시는 방법을 정확하게 묘사해 주기 때문에 진리입니다. 그러므로 은혜는 하나님의 성품에 대한 진실한 표현입니다. 또한 진리는 모든 만물에 적용되고, 모든 사람에게 유효하기 때문에 은혜입니다.

이러한 관점에서 볼 때, 은혜와 진리는 동반자입니다. 챔버스는 이 두 개념을 기반으로, 우리가 사랑하는 하늘 아버지의 안전한 피난처에 머물도록 호소하고 설득합니다.

오늘날 은혜와 진리가 서로 양분되는 것처럼 보일지라도 속지 마십시오. 그리스도 안에서 은혜와 진리는 조화를 이루며, 이는 우리 역시 은혜로우며 진실할 수 있다는 것을 의미합니다.

> "말씀이 육신이 되어 우리 가운데 거하시매 우리가 그의 영광을 보니 아버지의 독생자의 영광이요 은혜와 진리가 충만하더라"(요 1:14).

차례

편집자 이야기 「주님은 나의 최고봉」에서 못다 한 이야기를 펴내며

들어가는 글   은혜와 진리는 동반자입니다

1부
은혜, 하나님의 차고 넘치는 사랑 • 9
Grace, God's Overflowing Favor

2부
진리, 하나님의 완벽한 실체 • 109
Truth, God's Perfect Reality

1부

은혜, 하나님의 차고 넘치는 사랑

Grace, God's Overflowing Favor

죄인이 만난 십자가

죄는 인간이 해결할 수 있는 문제가 아닙니다. 오직 하나님만이 해결하실 수 있습니다. 그분이 우리 죄의 문제를 친히 책임지고 해결하셨습니다. 그 증거가 바로 십자가입니다. 거짓 복음은 하나님의 말씀을 곡해하여 "하나님이 우리를 구원하셨으니 이제 우리는 아무것도 할 필요가 없다"라고 가르칩니다. 하지만 성경은 우리가 하나님의 은혜로 구원을 받았으니, 이제 주님 안에서 자신을 정결하게 지키기 위해 수고해야 한다고 가르칩니다. 이는 우리의 혈통이나 성향이 어떠하든, 하나님의 구속하심으로 말미암아 성경에 묘사된 온전한 사람이 될 수 있다는 의미입니다.

오늘날은 더 이상 십계명이 필요 없다고 말합니다. 그리스도인들은 율법 아래 있지 않고 은혜 아래 있으니 이제 필요 없다는 것입니다. 그런데 예수님은 어떻게 말씀하셨습니까? 불법은 생각조차 하지 말고 거룩한 마음을 가지라고 하셨습니다. 당신은 모든 생각과 계획, 마음이 하나님 보시기에 전혀 흠이 없어야 합니다.

당신은 어떤 방식으로 죄의 문제를 해결하려고 합니까? 당신은 은혜 안에서 어떻게 마음과 생각을 순결하고 흠 없이 지키고 있습니까?

은혜를 길어 내는 비결

사람들은 기독교라는 종교 자체에 무절제한 열심을 나타내는 경향이 큽니다. 그러나 하나님의 은혜를 길어 내는 비결에 대해서는 배우려 하지 않습니다. 기도할 때마저도 하나님의 은혜를 구하기는커녕 자신의 기억과 과거의 경험, 그리고 현재의 소원들을 말할 뿐입니다. 그러나 우리는 반드시 성결함과 하나님을 아는 지식, 그리고 오래 참음으로 그분의 은혜를 길어 내는 비결을 배워야 합니다. 우리는 하나님을 아는 지식을 쉽고 빠르게 얻기를 원하지만, 그렇게 해서는 결코 얻을 수 없습니다. 오히려 그때 무절제한 종교적인 열심으로 치닫게 됩니다. 안타깝게도 이것은 오늘날 무절제한 사역과 무절제한 행사로 번지고 있습니다.

※ ※ ※ ※ ※

내가 지금 하나님의 은혜를 길어 내고 있다는 가장 큰 증거는, 어떤 모욕을 당해도 하나님의 은혜 외에는 아무런 상처가 남지 않는다는 것입니다. '나중'이 아니라 '지금' 하나님의 은혜를 길어 내십시오. 영적인 세계에서 가장 중요한 단어는 '지금'입니다.

당신의 헌신은 주님을 위해서입니까, 아니면 교회 행사를 위해서입니까?

믿음의 공백 상태

믿음의 성장 과정에서 하나님은 우리를 '무디게 하는 단계', 즉 '공백' 상태로 두실 때가 있습니다. 그때 우리는 아무것도 깨닫지 못하고 느끼지 못합니다. 그러나 이 공백 기간을 갖는 것 역시 그분의 자비하심의 증거입니다. 영적으로 극도로 예민해지면 순종할 기회를 놓쳐 오히려 침체되거나 퇴보하기 때문입니다. 하나님의 은혜에서 비롯되지 않거나 올바르게 발현되지 못한 종교적 감정은 언제나 부도덕적인 차원에서 반응을 일으킵니다.

※ ※ ※ ※ ※

철저하게 가난해진 심령을 느끼는 것은 복된 고통입니다. 그 고통은 당신을 하나님의 통치하심과 그분의 은혜로운 나라로 인도할 것입니다. "심령이 가난한 자는 복이 있나니 천국이 그들의 것임이요"(마 5:3).

믿음의 성장 과정에서 경험한 공백 기간을 자신의 방식대로 채우고 싶은 유혹을 받아본 적 있습니까? 하나님의 침묵처럼 여겨졌던 공백 기간을 되돌아보십시오. 그때 하나님은 당신 안에 무엇을 이루셨습니까?

본성 다스리기

삶이 평탄할 때, 당신의 본성을 잘 훈련하여 다스려 놓으십시오. 그렇지 않으면 위기가 닥칠 때, 당신의 본성은 무너지고 말 것입니다. 하나님은 결코 실패하지 않으시지만, 우리의 본성은 하나님의 은혜를 무너뜨릴 수 있습니다. 그릇된 성향의 지배를 받는 본성이 "나는 할 수 없어"라고 말할 때, "나는 반드시 해야 돼"라고 담대히 외치십시오. 그때 하나님의 은혜 안에서 모든 것이 가능하다는 것을 발견하게 될 것입니다.

"율법 아래 있지 않고 은혜 아래 있다"는 말씀의 의미는 율법으로부터 자유하게 되었으니 아무렇게나 행동해도 된다는 뜻이 아닙니다. 이 말씀의 진정한 의미는, 당신은 이제 삶 속에서 하나님의 율법이 요구하는 바를 다 이룰 수 있게 되었다는 뜻입니다.

당신은 어떤 상황에서 하나님의 은혜를 무너뜨립니까? 또 어떤 경우에 성령님을 따르기보다 자기 방식대로 밀고 나갑니까?

사람의 중심을 바꾸는 은혜

많은 사람들이 복음이 아닌 형통을 원합니다. 하나님의 축복과 사랑, 친절만을 원합니다. 그래서 성령님이 삶의 주도권을 주께 넘기라고 요구하실 때, "육신의 생각은 하나님과 원수가 된다"(롬 8:7)라는 말씀이 그들에게 이루어지게 됩니다. 하나님의 은혜가 위대한 것은 그리스도의 구속을 통해 사람의 중심을 변화시키기 때문입니다. 하나님의 은혜로 마음이 변화된 사람은 열정을 가지고 그분께 최고의 헌신을 드리게 됩니다.

하나님의 은혜가 당신 안에 강하게 역사하면, 모든 사물이 새로운 각도로 보이기 시작합니다. 그 이유는 당신이 그리스도 안에서 '새로운 피조물'이 되었기 때문입니다.

당신은 왜 하나님의 은혜를 거부합니까? 하나님의 은혜보다 더 소중한 것이 무엇입니까?

거룩, 오직 은혜로만

누군가는 하나님의 은혜를 강조하고, 또 누군가는 금식과 기도, 헌신을 강조합니다. 사도 바울은 '종교'라는 이름 아래 각 개인이 행하는 모든 인간적인 노력들에 대해 "이런 것들은 자의적 숭배와 겸손과 몸을 괴롭게 하는 데는 지혜 있는 모양이나 오직 육체 따르는 것을 금하는 데는 조금도 유익이 없느니라"(골 2:23)고 했습니다. 이러한 노력들은 종교적으로 포장된 개인주의에 불과합니다.

예수님은 "너희는 거룩하기 위해 노력하라"는 메시지를 전하려고 이 땅에 오신 분이 아닙니다. 우리를 '거룩하게 만들기 위해' 오신 분입니다. '거룩'은 오직 하나님의 은혜로만 가능합니다. 만약 당신이 말씀에 젖어 든다면 결코 경건한 체할 수 없을 것입니다. 성령님이 거짓 경건을 포함한 모든 위선을 제거하시기 때문입니다.

당신은 자신의 노력을 의지합니까, 아니면 하나님의 은혜를 의지합니까? 당신은 아직 변화되지 않은 부분을 숨기고 있습니까, 아니면 모든 종교적인 위선을 제거해달라고 하나님께 기도드리고 있습니까?

하나님의 관점으로 살기

하나님은 세상을 사랑하시기에 세상의 그릇된 것들을 계속 제거해 나가십니다. 당신도 이 세상을 향해 이러한 태도를 지녀야 합니다. 안타깝게도 사람들은 세상의 그릇된 것들을 그대로 받아들이고 만족스럽게 여깁니다. 하지만 이것을 꼭 기억하십시오. 세상에 만족하는 마음은 하나님과 원수가 되는 것입니다. 세상의 그릇됨과 악함을 제거하는 하나님의 은혜가 당신을 통해 나타나도록 하십시오. 하나님의 관점과 사랑으로 세상을 바라보며 살아가십시오.

✤✤✤✤

하나님의 은혜 가운데 자라나면 영광에 대한 당신의 관점이 달라지게 됩니다. 즉, 당신이 추구하는 바가 무엇인지에 따라 당신의 성품이 바뀌게 된다는 말입니다. 만약 사람들의 인정을 추구한다면 당신의 성품은 세상을 닮을 것입니다. 하나님은 성도들이 세상의 인정을 얻도록 돕지 않으십니다. 참 성도 역시 세상의 인정을 중요하게 여기지 않습니다. 사탄은 성도들을 향해 비방하지만 그 어떤 비방도 사람의 성품을 선하게 바꾸지 못합니다.

당신은 이 땅에서 하나님의 은혜를 어떻게 드러내며 살고 있습니까? 당신은 하나님의 영광을 위해 살고 있습니까, 아니면 사람들의 인정을 받기 위해 살고 있습니까?

스스로 내려간 가난한 자리

영적으로 어릴 때는 삶 가운데 독자적인 모습들이 여전히 보입니다. 이는 영적으로 경험이 많지 않고 하나님과의 교제가 미성숙하기 때문에 나타나는 '독자성'입니다. 독자성은 헌신의 근본 요소가 결핍된 상태입니다. 안타깝게도 어떤 사람들은 끝까지 독자성을 유지하며 영적인 초보 단계를 넘어서지 못합니다.

※※※※

하나님의 은혜를 길어 내십시오. 그러면 하나님께서 당신 스스로 가난한 자리에 내려가게 하실 것입니다. 당신이 소유한 최고의 것들을 나누십시오. 누구에게 줄지 고민하지 말고 그저 주십시오. 당신이 가진 최고의 것을 쏟아 부으십시오. 그리고 언제나 가난한 자가 되십시오. 아무것도 아까워하지 말고, 하나님께서 주신 보화가 없어질까 봐 염려하지도 마십시오.

당신은 날마다 은혜 가운데 성숙해지고 있습니까? 기꺼이 자신의 독자성을 내려놓고 주님이 맡기신 보화를 아낌없이 나누고 있습니까?

하나님의 참된 일꾼

예수님께서 공동체에 대해 가지신 개념은, 예수님이 아버지와 하나인 것처럼 우리도 그분과 하나가 되는 것입니다. 그분과 함께 일하는 것입니다. 그런데 우리 중에 몇이나 예수 그리스도의 증인이 되는 일에 관심을 갖고 있을까요? 우리 중에 몇이나 자신의 모든 에너지를 주를 위해 사용하고자 할까요? 우리 중에 몇이나 예수 그리스도를 위해 평생 헌신하고자 할까요? 그러나 기억하십시오. 바로 이것이 하나님이 말씀하시는 '일꾼'의 진정한 의미입니다.

※ ※ ※ ※ ※

하나님의 일꾼이 되겠다고 스스로 사역자의 길을 택한 이들 중, 안타깝게도 말씀의 깊은 은혜를 경험하지 못한 사역자들도 있습니다. 이들은 결코 하나님의 일꾼이 될 수 없습니다. 하나님의 참된 일꾼은 그분께 사명을 받은 자이며 하나님의 동역자가 된다는 것은, 곧 그분의 손안에 있다는 뜻입니다.

당신은 게으르게 신앙생활을 하고 있습니까, 아니면 사람들을 하나님의 나라로 이끌기 위해 그분과 함께 열심을 내고 있습니까?

❝ 심령이 가난한 자는 복이 있나니
천국이 그들의 것임이요. 마 5:3

Blessed are the poor in spirit,
for theirs is the kingdom of heaven. **❞**

심령이 가난하면 고통스럽습니다.
그러나 그것은 복된 고통입니다.
하나님이 통치하시는 은혜로운 나라로 인도하기 때문입니다.
철저하게 가난해지는 심령을 사모하십시오.

예수님이 주신 기준

하나님의 사역자는 어려움을 감당할 준비가 되어 있어야 합니다. 또한 모든 나쁜 것을 흡수해 선한 것으로 바꿀 수 있어야 합니다. 이를 위해서는 오직 하나님의 은혜와 이를 감당할 책임감이 있어야 합니다. 사역자는 자신과 전혀 맞지 않는 사람들과 만나 함께 지내야 합니다. 그리고 그들을 설득해 예수 그리스도께 나아가도록 해야 합니다. 이를 위해서는 현실을 있는 그대로 받아들이고, 성경 말씀 그대로 전해야 합니다.

※※※※※

예수님께서 우리에게 주신 기준은 그분 자신이십니다. 우리는 늘 이 기준을 마음에 두고, 이것을 흐리게 하는 그 어떤 것도 허락해서는 안 됩니다. 말로만 예수 그리스도를 높이는 것이 아니라, 영혼 깊은 곳에서 항상 그분을 높여야 합니다. 당신의 생각과 마음과 영이 단 한 분 예수 그리스도께 고정된다면, 당신의 시선을 흩트리는 사람들과 이상들은 모두 사라지게 될 것입니다. 그때 당신은 은혜 가운데 자라나게 될 것입니다.

당신은 하나님의 기준에 사로잡혀 있습니까? 늘 그분의 관점에서 자신의 삶을 평가하고 있습니까?

죄 사함의 은혜

죄 사함은 하나님의 '은혜의 기적'입니다. 당신은 하나님께서 예수 그리스도의 죽음을 통하여 당신의 모든 죄를 용서하셨다는 이 놀라운 사실을 깊이 묵상해 본 적 있습니까? 당신의 죄를 사하심은, 당신의 후회나 반성 때문이 아니라 순전히 하나님의 자비에서 나오는 것입니다. 하나님의 용서는 오직 초자연적인 영역에서 자연스럽게 허락됩니다. 성령으로 거듭나는 것은 바람처럼 신비한 사건인 동시에 하나님의 가장 분명한 역사입니다. 기독교 내에서 이러한 초자연적인 역사를 희석시키려는 경향을 주의하십시오.

하나님의 뜻에 부합하지 않는 거룩이라면 입 밖에도 꺼내지 마십시오. 하나님의 거룩하심은 삶의 모든 영역이 그분의 감시 아래에 있음을 말해주는 동시에, 모든 영역에 하나님의 은혜가 충분하다는 것을 의미합니다. 유혹은 언제나 타협의 선상에서 찾아옵니다. 자기 연민이든 누군가를 동정하는 마음이든 거룩하신 하나님과 어울리지 않는 것은 결코 허용하지 마십시오.

당신은 하나님께서 베푸신 은혜의 역사를 축소시키며 살고 있진 않습니까? 당신은 인색한 사람입니까, 아니면 하나님의 은혜로 인하여 관대한 사람입니까?

자신의 원칙에 헌신하지 마십시오

자신이 정한 원칙에 헌신하는 것과 예수님께 헌신하는 것은 분명히 다릅니다. 오늘날 수많은 성도들이 자신만의 원칙과 명분을 위해 헌신합니다. 그러나 예수님은 어떤 명분이나 신조에 헌신하라고 하신 적이 없으십니다. 오직 주님께만 헌신하라고 부탁하셨습니다. 즉, 날마다 자신의 권리를 주께 드리고, 자기 십자가를 지고 따르라고 하셨습니다. 그 십자가는 내 확신대로 살기 위해 받는 고통의 십자가가 아닙니다. 사실 성도이든 아니든 주님과 아무 상관없이 자신의 명분을 위해 고통당하는 자들이 얼마나 많습니까? 또한 그 십자가는 양심의 가책으로부터 오는 고통을 의미하는 것도 아닙니다. 인간은 단 한 줄기의 은혜 없이도 자신의 원칙을 위해 얼마든지 순교할 수 있기 때문입니다.

※ ※ ※ ※ ※

어제 받은 은혜로 오늘을 살 수 없습니다. 오늘을 위해서는 오늘 은혜 받아야 합니다. 하나님의 은혜는 그분의 선하심이 흘러넘치는 것입니다. 만약 자신의 재능과 장점을 신뢰하지 않는다면, 당신은 언제든지 그분의 은혜를 길어낼 수 있습니다.

당신은 자신만의 원칙과 명분에 헌신하고 있습니까, 아니면 주님께 헌신하고 있습니까? 하나님의 은혜의 불꽃이 당신의 헌신을 불태우고 있습니까?

십자가에 못 박힌 것처럼

당신은 하나님의 은혜를 경험했습니까? 예수 그리스도와 동행할 준비가 되어 있습니까? 그렇다면 성령님의 조명 아래, 당신의 죄성이 무엇인지 알아야 합니다. 죄성은 자기 멋대로 모든 것을 주관하고 성령님을 거스르는 정욕을 말합니다. 당신은 당신의 옛사람이 예수님의 죽으심과 함께 못 박혀야 한다는 하나님의 판결에 동의합니까? 그렇다면 감사하십시오. 당신이 동의할 때, 그 죄성은 그리스도의 몸이 십자가에 못 박힌 것처럼 죽게 될 것입니다. 단, 하나님의 뜻에 자신의 의지를 항복하지 않고서 죄에 대해 죽은 것처럼 착각하지 마십시오. 이것을 꼭 주의해야 합니다.

✲ ✲ ✲ ✲ ✲

하나님께 당신 자신을 헌신하다면, 당신은 은혜 안에서 끝없이 성장하게 될 것입니다. 하나님은 그분께 마음을 활짝 연 자들에 대해 아무 염려하지 않으십니다.

당신은 주님과 얼마나 깊이 사귀고 있습니까? 당신의 모든 죄성은 십자가에 못 박혔습니까?

두 번째 속성

어떤 성품을 계속 훈련하면, 그 성품이 자신의 두 번째 속성이 되어 일상생활과 위기 속에서 당신을 굳게 세울 것입니다. 그러나 훈련을 거부하면 위기가 찾아올 때 실패하게 됩니다. 그 이유는 하나님의 은혜가 부족해서가 아니라, 당신이 훈련을 통해 그 속성을 만들어 놓지 않았기 때문입니다. 그때는 아무리 도움을 청해도 하나님이 도와주실 수 없습니다.

그리스도의 증거자는 하나님의 말씀과 성령의 능력, 그리고 증인으로 신실하게 살고 있다는 의식이 있어야 합니다. 만약 이 세 가지가 없다면, 복음 증거를 위해 필요한 하나님의 은혜를 길어 낼 수 없습니다.

당신은 어떤 상황에서 하나님의 은혜를 따르며 어떤 상황에서 따르지 않습니까? 당신은 하나님의 신실한 은혜를 따라 살아가고 있습니까?

인내의 시험

당신은 당신의 문제에 간섭하는 사람들에 의해 훈련을 받습니다. 그리고 그들의 간섭은 의도가 있든 없든 당신에게 시련이 됩니다. 바로 여기서 인내의 시험이 찾아옵니다. 그런데 혹 이 인내의 시점에서 은혜를 놓치고 있진 않습니까? 하나님의 은혜는 감정이 아닙니다. 또한 바로 '지금' 얻어야 하는 것입니다. 환난, 궁핍, 곤란한 상황에 처할 때, 거기서 빠져 나오기 위해 기도하기보다는 하나님의 은혜를 길어 내기 위해 기도하십시오.

※ ※ ※ ※ ※

하나님은 당신이 '오래 참음'을 보여야 하는 힘든 상황으로 인도하십니다. 이때 어떤 상황에서도 '절제'를 잃으면 안 됩니다. 오히려 하나님의 은혜를 길어 내야 합니다. 그때 하나님은 당신을 경탄할 만한 존재가 되게 하십니다.

당신은 당신을 모독하고 괴롭히는 사람도 은혜롭게 대할 수 있습니까? 지금 당신의 삶이 하나님의 '인내 시험장'이라면, 이 시험에서 합격할 수 있을 것 같습니까?

신비의 영역, 실천의 영역

그리스도인의 정체성은 실제적인 동시에 신비롭습니다. 그래서 두 영역 사이에서 균형을 유지해야 합니다. 만약 어떤 한 영역만 강조한다면 어리석은 광신자가 될 수 있습니다. 하나님의 은혜로 임하는 초자연적인 역사는 우리가 측량할 수 있는 부분이 아닙니다. 그러나 우리는 하나님이 행하시는 일을 삶 가운데 드러내도록 수고해야 합니다. 만약 하나님의 은혜를 증거하는 일을 무시한다면, 이는 '신비의 영역'과 '실천의 영역'을 이원화시키는 것입니다. 그러나 신앙 안에서 신비의 영역과 실천의 영역은 하나로 연합됩니다.

예수님은 하나님이 보이신 그 사랑을 당신의 삶 속에서 동일하게 실천하기를 원하십니다.

당신의 신앙생활은 신비의 영역과 실천의 영역 중 어디에 치우쳐 있고, 그 이유는 무엇입니까? 당신은 하나님의 은혜를 삶 속에서 어떻게 증거하고 있습니까?

은혜의 법

기독교 신앙은 인간의 본성 안에 있는 모든 위험한 요소들, 즉 그릇된 길로 인도하는 모든 감정과 흥분을 취하여 하나님께 쓰임 받는 큰 힘으로 바꿉니다. 세상 종교들은 위험한 감정을 차단해 버리거나 또는 그 감정에 의존합니다. 또 누군가는 "감정을 믿으면 안 된다"라고 말합니다. 물론 맞는 말이지만, 우리의 신앙에 감정이 없다면 그것은 죽은 것과 같습니다. 하나님과 바른 관계를 맺고 살아간다면 가장 강렬한 감정을 갖게 될 것입니다. 그러면 오히려 감정에 의존해서 신앙생활을 하는 위험에 절대로 빠지지 않을 것입니다. 그리스도인들은 하나님과 그분의 은혜의 역사를 믿는 자들입니다. 그들에게 감정은 삶의 근원이 아니라 삶을 풍성하게 해주는 '장식품'입니다.

✤✤✤✤

하나님은 양심의 법이 통하는 당신의 마음에 은혜의 법을 두십니다. 당신 삶의 원동력을 바꾸시는 하나님의 주권적인 은혜에 감사하십시오.

하나님의 은혜는 당신의 감정과 사고가 어떻게 균형을 이루게 합니까? 그리고 이를 위해 당신에게 필요한 것은 무엇입니까?

은혜를 실천으로

습관은 이론이 아닌 행동에 의해 만들어집니다. 영적인 삶에 있어서 가장 큰 숙제는, 하나님의 은혜를 행동으로 옮기는 것입니다. 그러나 하나님은 자동적으로 그 일이 진행되게 하지 않으셨습니다. 우리가 자발적으로 하도록 창조하셨습니다. 하나님의 신비한 은혜의 영역에 머물 때, 당신은 그분의 은혜를 삶 가운데 드러낼 수 있습니다. 하나님께 당신의 마음과 삶을 온전히 드릴 때, 성령님은 하나님이 원하시는 것을 알려 주실 것입니다. 그때 그 말씀대로 행하십시오.

✺✺✺✺✺

영적 훈련과 습관은 서로 연결되어 있습니다. 당신은 성령님이 깨닫게 해주실 때마다 당신의 몸을 쳐 복종시키는 훈련을 끊임없이 하십시오. 그러면 어떠한 상황에 처하더라도 당황하지 않고 잘 대처할 수 있습니다.

당신은 어떻게 은혜를 실천하고 있습니까? 성령님이 행할 것을 알려 주실 때 바로 순종합니까, 아니면 당신의 의견을 먼저 말합니까?

감정의 통제

자연적인 감정이든 영적인 감정이든 강력한 통제가 필요합니다. 자연적인 감정 상태에 치우치면 감상주의자가 될 위험이 있고, 영적인 감정에 치우치면 모든 세상 풍조와 거짓 교훈에 쉽게 흔들릴 수 있습니다. 신앙생활에 있어서 지속적인 감정의 고조 상태는 대단히 위험합니다. 만약 성령님의 통제 없이 헌신의 감정과 종교적인 열정만을 지닌다면, 결국 감상주의자로 전락하게 될 것입니다. 감각을 흥분시키는 감정은 어떻게 사용하느냐에 따라 선이 될 수도, 악이 될 수도 있습니다. 또한 사람에 따라 올바르게 표현될 수도, 그릇되게 표현될 수도 있습니다.

※※※※※

당신은 매순간 단정한 삶을 사는 연습을 해야 합니다. 그러면 위기의 순간에서도 하나님의 은혜에 잠길 수 있을 뿐 아니라 훈련을 통해 만들어진 성품도 당신을 도울 것입니다. 그러면 위기는 어떠한 불행도 만들어내지 못하고 지나갈 것입니다. 아니, 도리어 당신의 영혼은 하나님을 향해 더욱 담대히 서게 될 것입니다.

당신은 감정을 통제할 능력이 있습니까? 하나님의 은혜에서 흐르는 감정과 자기 연민에서 비롯되는 감정을 구별할 수 있습니까?

순종의 훈련

만약 당신이 성령님께 순종해 명령하신 모든 것을 행한다면 위기가 찾아올 때, 당신의 속성이 당신을 돕는 것을 발견하게 될 것입니다. 많은 사람들이, 자신이 실족하는 이유를 모릅니다. 그 이유는 '자, 이제 하나님의 은혜를 받았으니 나는 괜찮을 거야'라고 안일하게 생각하기 때문입니다. 만약 날마다 하나님께 순종하는 훈련을 하지 않는다면, 위기의 순간에 은혜가 충만하더라도 내 속성이 그 위기를 견디지 못해 실족하게 될 것입니다. 이처럼 훈련에 의해 다듬어지지 않은 속성은 아무런 도움이 되지 못합니다. 오히려 실족하게 되고, 그 탓을 하나님께 돌리게 됩니다.

※※※※※

은혜의 단에 서게 되면 이 세상에 있는 여러 굴레를 발견하게 됩니다. 세상의 예의범절과 기준도 일종의 굴레입니다. 그리고 그 굴레에 사로잡히면 비참한 노예로 전락하게 됩니다. 그런데 이상한 일은, 그 비참한 노예들이 도리어 그리스도 안에서 자유 얻은 자들을 보며 '속박된 노예'라고 부른다는 것입니다. 그들은 참 자유의 의미를 모릅니다.

당신은 어떤 상황에서 자신의 잘못을 하나님 탓으로 돌립니까? 그 이유는 무엇입니까?

하나님의 평가 기준

'평가하다'(estimate)라는 단어의 뜻은 '가치를 고려하다'입니다. 평가는 사람의 마음속에서 이뤄지는데 하나님은 그분의 은혜로 그 평가 기준을 바꾸십니다. 그리고 그 은혜를 경험한 사람들은 하나님이 자신의 기준을 어떻게 바꾸셨는지 압니다. 그들은 더 이상 사람들의 평가를 중요하게 여기지 않게 되고, 더 이상 좋은 환경에 집착하지도 않게 됩니다. 또한 세상에서 일어나는 부도덕한 행위에 대해서만 경악하던 자신이, 인간의 교만에 대해 경악하게 되는 것을 발견하게 됩니다.

※ ※ ※ ※ ※

하나님만이 하실 수 있는 일을 자신이 하려고 시도하지 마십시오. 또한 자신이 할 일을 하지 않고, 그 일을 하나님 책임으로 돌리지 마십시오. 우리는 자신을 스스로 구원하려 하지만, 구원은 오직 하나님만이 행하실 수 있습니다. 우리는 자신을 스스로 깨끗하게 하려 하지만, 깨끗하게 하실 수 있는 분 역시 하나님뿐이십니다. 이처럼 하나님은 주권적으로 은혜의 역사를 이루십니다. 그때 당신은 그 역사가 당신의 삶을 통해 나타날 수 있도록 수고해야 합니다.

하나님의 은혜가 당신의 사고방식을 어떻게 바꾸었습니까? 하나님만이 하실 수 있는 일에 대해 당신은 어떤 자세를 취하고 있습니까?

은혜의 기적이 드러나는 삶

복음은 단번에 사람을 변화시킨 뒤 그의 양심과 행위를 통해 역사합니다. 하나님은 간교하고 사악한 인간을 진실하고 거짓 없는 사람으로 만드십니다. 이것이 바로 은혜입니다. 은혜는 당신의 마음과 생각으로부터 악하고 비뚤어진 것들을 제거해 당신을 하나님 앞에서 진실하게 만듭니다. 그때 당신 삶은 은혜의 기적이 밝게 비치는 아름다운 삶으로 변화됩니다.

늘 다른 사람들을 선대하는 주의 자녀들에게 하나님의 은혜가 어떻게 임하는지 눈여겨본 적 있습니까? 가정과 일터 등 모든 곳에서 하나님의 지시를 구체적으로 따를 때 놀라운 형통이 임합니다.

당신은 은혜로 변화된 성도입니까? 당신은 가난한 사람들과 나그네들을 피합니까, 아니면 대접합니까?

순종하는 성도의 모습

영적 성숙은 시간이 지난다고 해서 얻어지는 것이 아닙니다. 오직 하나님의 뜻에 순종함으로써 이뤄집니다. 하나님의 뜻에 빠르고 민감하게 반응하는 성도들을 보면 몇 가지 특징이 나타납니다. 첫째, 언제나 순종할 준비가 되어 있습니다. 둘째, 자신의 본능과 욕구를 하나님의 뜻에 따라 희생할 각오가 되어 있습니다. 셋째, 자신의 고집과 주장을 쉽게 내려놓습니다. 고집은 내 자아에 자리한 완고함으로, 은혜 가운데 성장하는 것을 막는 주범입니다. 사람들은 이러한 완고함 때문에 앙심을 품고 독단적인 사람이 되며 무자비함을 보입니다. 결국 그들은 그리스도와 전혀 다른 모습을 드러내게 됩니다.

※※※※

예수님은 자신의 뜻을 아버지의 뜻에 일치시킴으로써 점점 성숙해지셨습니다. "그리스도께서도 자기를 기쁘게 하지 아니하셨나니"(롬 15:3). 내가 원하는 대로만 하면 부도덕한 삶을 살게 됩니다. 그러나 하나님께서 시키시는 대로만 하면 언제나 은혜 가운데 성장하게 됩니다.

당신보다 하나님과 가까운 누군가에 대해 궁금해본 적 있습니까? 당신은 모든 사소한 일까지 자기주장을 관철시켜야 직성이 풀리는 사람입니까?

두려움과 평강

우리는 허구를 좋아합니다. 그래서 현실 직시를 피합니다. 그러나 주님은 현실을 직시하라고 가르치시며 "난리와 소요의 소문을 들을 때에 두려워하지 말라"(눅 21:9)고 하셨습니다. 난리와 소요 앞에서 두렵지 않은 사람은 없습니다. 그러나 하나님의 은혜가 우리에게 임하면 우리는 두려움에 휩싸이지 않습니다.

※※※※※

어려움이 없을 때 하나님을 신뢰하는 것은 쉽습니다. 그러나 그것은 신뢰가 아니라 안일한 마음으로 쉬는 것입니다. 병들었을 때, 문제가 발생했을 때, 가족 중에 누군가가 죽었을 때, 당신은 하나님을 신뢰할 수 있습니까? 만약 삶의 어려움과 고난 가운데 공포에 빠지지 않고 평강을 누리고 있다면, 그것은 하나님의 은혜가 당신 가운데 역사하고 있다는 가장 분명한 증거입니다.

당신은 무엇을 두려워합니까? 그 두려움 가운데서도 하나님의 은혜와 평강을 누리고 있습니까?

빈 마음 채우기

하나님의 은혜를 모른 채 변화된 사람은 중생의 필요를 절감하지 못하며 가장 교활한 이교도인이 됩니다. 마음을 깨끗하게 하는 것은 좋은 일입니다. 그러나 그 마음을 빈 채로 두면 전보다 더 악한 영이 들어와 자리를 잡습니다. 예수님은 이렇게 말씀하셨습니다. "그 사람의 나중 형편이 전보다 더 심하게 되느니라"(눅 11:26). 변화와 개혁은 좋은 것입니다. 그러나 보통의 차선처럼 '최선'의 원수가 될 수도 있습니다. 이제 당신의 마음을 오직 성령으로 채우십시오. 그것이 중생의 의미입니다.

※ ※ ※ ※ ※

식사 기도는 '식사 전에 하나님의 은혜'를 구하는 것입니다. 이것은 단순히 습관이 아니라 하나님께서 친히 일용할 양식을 주신다는 예수님의 말씀을 그대로 받아들이는 것입니다. 이처럼 예수님이 말씀하신 대로 하나님을 믿는다면, 걱정으로부터 오는 만성 소화불량은 사라질 것입니다.

당신은 마음을 깨끗하게 비워둔 채로 그냥 있습니까, 아니면 오직 주님으로만 채워지도록 간구하고 있습니까?

실체와 개념

십자가 구속 사건은 하나님의 초자연적인 은혜를 경험하지 않아도 머리로 이해할 수 있습니다. 그러나 초자연적인 은혜를 경험하는 것은 교리나 이해에서 오는 것이 아니라, 나 자신을 예수 그리스도께 드릴 때만 가능합니다. 당신은 아무리 자신의 내면을 들여다봐도 자기 '실체'를 발견할 수 없을 것입니다. '실체'에 접할 수 있는 유일한 길은, 자신 밖으로 나와 당신을 하나님께 던지는 것이기 때문입니다.

※ ※ ※ ※

잘못을 깨달을 때 자신을 혐오하게 되는 것, 그것이 바로 후회입니다. 그러나 회개는 후회와 다릅니다. 회개는 하나님의 기적으로, 후회한 그 일을 다신 행하지 않도록 종지부를 찍게 만듭니다. 다시 말해 회개는 완전히 새로운 성향을 받아 다시는 같은 잘못을 저지르지 않는 것입니다.

당신에게 은혜는 실체입니까, 아니면 단지 위안을 주는 개념입니까? 자신의 행동과 삶을 바꾸는 힘입니까, 아니면 단지 마음을 달래는 도구입니까?

분노와 앙심을 복음의 향기로

예수님을 만나기 전, 저는 언제나 오해받고 있다고 생각했고 부당한 대우를 받고 있다고 생각했습니다. 또한 모든 사람이 틀리고 나만 옳다고 생각했습니다. 그런데 하나님이 찾아오셔서 죄를 씻어 주셨을 때, 그리고 성령으로 채워 주셨을 때, 제 안에서 변화가 일어나는 것을 발견했습니다. 구원의 가장 위대한 경험은 다른 사람이 아닌 바로 나 자신이 느끼는 것입니다. 누구를 만나든, 어떤 상황에 처하든, 과거에 어떤 사람이었든 하나님의 은혜 아래 변화를 경험했다면, 전에는 분노와 앙심을 품었을 순간이 복음의 향기를 내는 순간으로 바뀌는 것을 경험하게 될 것입니다.

✤ ✤ ✤ ✤

이제 저는 제 안에서 발견되는 것에 대해 경악하기보다는, 하나님의 은혜가 제 안에서 역사하심을 믿는 법을 배웠습니다.

누군가가 당신의 잘못을 지적할 때, 당신은 그것을 기꺼이 허용합니까, 아니면 화를 냅니까, 오히려 감사의 인사를 합니까?

" 그리스도께서도 자기를
기쁘게 하지 아니하셨나니….롬 15:3

For even Christ did not please himself… "

당신은 마음이 원하는 대로 살고 있습니까,
하나님이 시키시는 대로 살고 있습니까?
전자는 욕망 안에서 당신을 타락시키고,
후자는 은혜 안에서 당신을 성장시킵니다.

은혜 망각

성경은 회개했음을 보여 주는 유일한 증표가 '거룩'이라고 말합니다. 거룩한 사람은 거룩하게 보이려고 신경 쓰는 사람이 아니라, 자신을 구원하신 하나님께 헌신하는 사람입니다. 성령님이 돌보시는 사람은 오직 하나님의 은혜로 지금에 이르렀음을 결코 잊지 않습니다. 성령님이 죄를 생각나게 하실 때마다 그것을 사탄의 덫이라고 생각하지 마십시오. 하나님의 인자하신 손길로 받아들이십시오. 이는 성령님이 과거의 내가 하나님의 은혜로 지금 어떤 사람이 되었는지를 분명히 기억나게 하시는 사건입니다.

누군가의 죄를 들춰내는 사람은, 자신이 하나님의 은혜로 회복되었음을 의도적으로 망각하는 사람입니다. 하나님의 종은 다른 사람의 죄악을 볼 때, 자신이 이해할 수 없는 부분이 있음을 기억하며 하나님께서 그들을 다루시도록 맡겨 드려야 합니다.

당신은 하나님의 은혜 없이 지내던 과거의 모습을 왜 그렇게 빨리 망각했습니까? 당신은 왜 누군가에게 은혜 베푸는 것을 거절할 권리가 당신에게 있다고 생각합니까?

죄의 가장 깊은 늪에서

인간의 뛰어난 성품을 기준으로 삼으면, 하나님의 은혜는 소용없게 됩니다. 인간은 하나님의 은혜와 도움 없이도 온전한 성품으로 자신을 개발할 수 있기 때문입니다. 만약 성자나 선한 사람을 기준으로 삼는다면, 당신은 헛된 허영심에 속아 그들처럼 되고자 할 것입니다. 그러나 하나님이 당신의 기준이 되시면, 헛된 허영심은 설 자리가 없게 됩니다.

※※※※※

참된 주의 종은 죄에 빠져 쓰러진 사람이나 죄악에 물든 사람을 볼 때, 그의 마음에서 동정과 사랑이 샘처럼 흘러넘칩니다. 바로 그 자신이 하나님의 은혜로 죄의 가장 깊은 늪에서 구원의 가장 높은 곳까지 올라가는 것을 친히 경험했기 때문입니다.

당신은 당신의 '뛰어난 성품'을 의지합니까? 그렇다면 당신은 하나님 앞에서 성자가 아닌 배도자입니다. 당신은 하나님의 은혜를 모르는 자들에게 얼마나 자주 다가갑니까?

습득하는 것, 받는 것

당신은 습득하는 것(acquiring)과 받는 것(receiving)의 차이를 구별할 수 있어야 합니다. 기도나 성경 읽는 습관 등은 '습득'하는 것입니다. 반면 구원, 성령, 하나님의 은혜 등은 '받는' 것입니다. 당신은 '습득'해야 할 것들에 더 많은 신경을 쓰지만, 하나님은 당신이 '받아야' 할 것들에 더 많은 관심을 두십니다. 당신이 받은 것들은 그 누구도 빼앗아 갈 수 없습니다. 선물을 주신 하나님께서 꼭 붙들고 계시기 때문입니다.

※※※※※

하나님은 우리에게 착한 사람이 되라고 부탁하지 않으셨습니다. 오히려 선하지 않음을 인정하라고 부탁하셨습니다. 하나님은 우리가 하나님 한 분 외에는 선한 것이 없음을 믿기를 원하십니다. 그때 하나님의 은혜가 인간의 불완전함을 가려 줄 것입니다.

당신은 왜 하나님의 은혜로 '받은' 것들보다 자신의 노력으로 '습득'한 것들을 더 소중하게 여깁니까? 왜 아직도 '습득한 것'들과 은혜로 '받은 것'들의 차이를 깨닫지 못하고, 감사하지 않습니까?

새로운 계시의 세계

성경은 고된 인생을 살아가는 우리에게 위안을 주려고 지어진 연애소설이 아닙니다. 성경은 하나님과 그분의 은혜에 대한 계시를 담은 책입니다. 하나님은 친히 인간의 제한된 언어로 자신을 계시하셔서, 중생하지 않은 이성으로는 깨달을 수 없는 새로운 계시의 세계로 우리를 이끄십니다.

하나님의 복은 하늘에서 내리는 비처럼 악한 자와 선한 자 모두에게 내립니다. 건강, 총명, 형통 역시 성품과 조건에 따라 주어지는 것이 아니라, 오직 하나님의 차고 넘치는 은혜로부터 흘러나옵니다. 만약 건강이 하나님과의 동행을 입증하는 증거라면 선한 믿음이 무엇인지 어떻게 분별할 수 있겠습니까? 이토록 많은 악인들이 건강한데 말입니다.

당신은 하나님의 은혜를 오직 당신만을 위한 것으로 국한시키고 있진 않습니까? 당신은 왜 만물의 위대함과 우주의 법칙 가운데 드러나는 하나님의 은혜를 깨닫지 못합니까?

하나님 vs 하나님이 이루신 일

하나님의 거룩한 이름은, 사람들 앞에서 하나님보다 그분이 이루신 일들을 높일 때 모독을 당합니다. 또한 하나님의 뜻대로가 아닌 내 마음대로 일할 때 멸시를 당합니다. 늘 주 예수 그리스도를 제시하며 살아가십시오. 하나님의 말씀을 향한 타오르는 충성심과 사람들을 향한 긍휼, 이것이 우리의 모습이어야 합니다.

✤✤✤✤

예수 그리스도는 유일한 구세주이십니다. 하나님의 보좌 앞으로 나아가십시오. 불쌍히 여기사 당신을 구원해 주실 것입니다.

당신은 하나님을 높입니까, 그분께서 이루신 일들을 높입니까? 당신은 전능하신 하나님을 구세주가 아닌, 당신 말을 들어주는 청취자로 여기진 않습니까?

그리스도의 죽음과 연합

하나님의 은혜로 의로워지면 죄를 깨닫게 됩니다. 성도는 무엇이 죄인지 아는 사람입니다. 예수 그리스도의 죽음과 연합되면 죄가 무엇인지 깨닫게 되기 때문입니다. 죄가 무엇인지 완전하게 아는 존재는 죄인이 아니라 오직 하나님 한 분이십니다. 인간의 가장 깊은 마음을 아는 존재 역시 죄인이 아니라 오직 예수 그리스도 한 분이십니다.

하나님의 자녀들은 율법이 아닌 은혜의 역사로 깨끗한 마음을 갖습니다. 그 은혜로 겸손을 소유한 사람은 결코 교만해지지 않습니다. 그는 하나님이 이 땅에 자신을 보내신 목적, 즉 그분의 영광을 위해 사는 것을 망각하지 않습니다. 또한 불의를 행하거나 못되게 굴지 않습니다. 그 이유는 내가 과거에 어떤 자였는지 하나님이 깨닫게 해주셨기 때문입니다.

당신은 하나님의 은혜로 죄가 무엇인지 깨달았습니까? 당신 자신과 죄인을 향한 당신의 태도는 어떻게 바뀌었습니까?

은혜 아래 있는 죄인

사탄은 부분적으로 패한 것이 아닌 완벽하게 패했습니다. 예수 그리스도의 나타나심은 사탄이 쫓겨났음을 의미합니다. 성령으로 거듭날 때, 우리는 예수 그리스도께서 행하신 구속의 역사를 깨닫게 됩니다. 참된 자유를 누리게 되는 순간은 승리의 능력을 얻을 때가 아니라, 그리스도께서 승리하셨다는 사실을 깨달을 때 옵니다. 그 후에야 성령님은 사탄에 대항하여 어떻게 승리의 전투를 치를 수 있는지 가르쳐 주십니다. 우리는 오직 하나님의 은혜로 구원과 거룩의 놀라운 경지에 이르러 자유를 누리게 되며, 이후에는 빛 가운데서 행할 책임을 지게 됩니다.

※※※※※

은혜의 세계에는 '비굴'이라는 단어가 없습니다. 은혜 아래 있는 죄인은 결코 두려워하지 않습니다.

당신은 예수님의 승리를 믿고 그 안에서 참 자유를 누리고 있습니까, 아니면 불안에 떨며 살고 있습니까?

오직 복음의 능력

사역자를 힘 빠지게 하는 것은 사람들이 도무지 예수님을 믿으려 하지 않기 때문입니다. 하지만 그들을 설득해서 믿게 할 수 있다고 착각하지 마십시오. 그들의 생명 전체가 더러운데 어떻게 말로 믿게 할 수 있겠습니까! 이때 필요한 것은 하나님의 은혜가 그들에게 닿을 수 있도록 돕는 것입니다. 그러면 그들은 예수님을 경험하면서 믿음을 표현하게 될 것입니다. 그들은 이 과정을 통해, 그리고 희생적인 성품을 지닌 사역자를 통해 주님을 만나게 될 것입니다.

✤✤✤✤✤

논쟁이나 친분을 통해서는 사람들을 예수님께로 인도할 수 없습니다. 오직 복음의 능력만이, 하나님의 강권하시는 은혜로 말미암아 예수님께로 인도할 수 있습니다.

당신은 하나님의 은혜의 조력자입니까, 아니면 방해꾼입니까? 어떻게 해야 좀 더 나은 조력자가 될 수 있겠습니까?

생수의 샘

우리는 은혜를 받으면 높은 산꼭대기에 서야 된다고 생각합니다. 그러나 은혜에 이끌려 밟게 되는 곳은 위험한 산꼭대기가 아니라 맘껏 활보할 수 있는 넓은 평원이어야 합니다. 그곳은 안전하며 완만한 언덕들이 있습니다. 우리가 그곳에서 밟는 모든 곳은 평화의 복음을 위해 준비된 처소가 될 것입니다.

죄인들을 향한 은혜의 특징은 그 속에서 '생수의 샘'이 솟아난다는 것입니다. 생수의 샘은 당신의 마음을 깨끗하게 할 뿐만 아니라 정결함으로 차고 넘치게 합니다.

하나님의 은혜가 당신을 사로잡은 곳은 어디입니까? 그 은혜는 당신을 어디로 이끕니까? 당신은 평화의 복음을 위해 주님의 길을 예비하고 있습니까?

오래된 복음

우리에게 필요한 것은 이 시대의 전문 용어처럼 되어 버린 '새 복음'이 아니라 '오래된 복음'입니다. 많은 사람들과 서적들이 새 복음이 필요하다고 외치지만, 우리에게 진정 필요한 것은 오래된 복음을 통해 주시는 하나님의 은혜입니다. 오직 그 은혜를 누리는 사람들만이 이 시대의 문제들을 다룰 수 있습니다. 우리는 이 시대의 문제를 오직 복음으로만 해결해야 합니다.

무언가 특별한 지위나 장소를 원하는 마음을 경계하십시오. 당신은 지금 서 있는 그곳에서 은혜를 누려야 합니다.

당신은 하나님의 은혜가 이 시대 가운데 어떻게 역사하는지 알고 있습니까? 또한 그 은혜를 전하고 있습니까? 당신은 어떤 시대와 장소를 불문하고 하나님의 은혜면 충분하다고 믿습니까?

'천박'에서 '영광'으로

노동이나 먹고 마시는 일 등은 순종을 통해 영적인 것으로 변화되어야 합니다. 그러면 먹고 마시는 일도 '하나님의 영광을 위한 일'이 될 수 있습니다. 마음을 다해 하나님의 말씀에 순종하십시오. 그리고 그 순종으로 자연적인 것을 영적인 것으로 변화시키는 노력을 하십시오. 그렇게 하지 않으면 자연적인 것은 끝까지 천박한 것에 불과할 뿐입니다. 성령으로 충만할 때, 자연적인 것은 하나님의 영광을 나타낼 것입니다.

❈❈❈❈❈

하나님은 선한 사람을 성자로 만드시는 일이 결코 없으십니다. 그분은 오직 세 부류의 성자를 만드십니다. 그 세 부류는 불경건한 자들, 연약한 자들, 죄인들입니다. 복음을 통한 은혜의 놀라운 능력은, 예수님이 우리를 그분이 원하시는 대로 만드실 수 있다는 사실에 근거합니다.

당신은 순종을 통해 삶의 천박한 것들을 영적인 것으로 변화시키고 있습니까? 당신의 모든 존재가 하나님께 영광이 되고 있습니까? 그렇다면 그 증거는 무엇입니까?

구속의 본질

죄인은 구속 사건이 자기 안에서 어떤 일을 이루었는지 압니다. 하지만 말씀의 계시를 통해 그것을 깨닫기까지는 시간이 걸립니다. 하나님의 은혜로 구원 받는 사건과 어떻게 나를 구원하셨는지를 깨닫는 사건은 서로 다릅니다. 성경 말씀이 성령의 조명하심으로 깨달아질 때, 구속의 본질은 그 말씀과 함께 역사하면서 새 생명을 가져옵니다. 당신은 죄로부터 구원받았습니까? 하나님의 은혜로 거룩해졌습니까? 그렇다면 인간이 만들어 낸 세련된 언어로 구속 사건을 포장하지 말고, 그저 "네"라고 말하십시오.

※ ※ ※ ※ ※

하나님의 놀라운 구원을 경험한 사람들이 쉽게 빠지는 함정은, 성령의 계시가 아닌 자신의 경험을 과시하는 것입니다. 그러나 하나님의 주권적인 은혜를 통해 순결해질수록 죄 의식은 더욱 예리해질 것입니다.

당신은 은혜의 역사를 하찮게 여긴 적 있습니까? 받은 은혜를 지적이고 세련된 언어로 표현하기 위해 애쓰고 있진 않습니까?

영적 통찰력을 유지하는 비결

하나님의 은혜로 구원을 받으면 성령님의 도우심으로 성경을 이해할 수 있게 됩니다. 우리가 거듭났는지를 알 수 있는 명확한 증거는, 성경을 하나님의 계시의 책으로 받아들였는지에 대한 여부입니다.

영적 통찰력을 유지하는 비결은, 우리를 향하신 하나님의 목적을 놓치지 않고 계속 그분과 교제하는 것입니다. 우리는 '자연적인 사실'과 '은혜의 사실' 모두와 관계를 유지해야 합니다. 만일 둘 중 하나라도 무너지면 아무리 옳은 것 같아도 그 판단은 틀린 것이 됩니다. 그러나 이 두 관계가 함께 유지되면, 우리는 하나님의 아들이 이 땅에 다니실 때처럼 온전한 조화를 이루는 삶을 살게 될 것입니다.

당신은 성경을 하나님의 계시로 믿습니까, 아니면 수수께끼 같고 복잡한 책으로 여깁니까? 혹 성경과 하나님을 분리시켜 생각하고 있진 않습니까?

하나님의 사랑의 속성

하나님의 은혜가 역사하기 시작하면 "성령으로 말미암아 하나님의 사랑이 우리 마음에 부은 바"(롬 5:5) 됩니다. 즉, 하나님을 사랑할 수 있는 능력이 임하는 것이 아니라, 하나님의 사랑의 속성이 성령님과 함께 우리 안에 임하는 것입니다. 따라서 우리는 하나님의 은혜로 그분의 사랑이 우리 안에 거한다는 사실을 깨달을 때, 우리 안에 있는 황홀한 사랑의 능력에 이끌림을 받게 됩니다.

성령의 은사들을 은혜로 여기면 예수 그리스도의 핵심 교훈에서 멀어지게 됩니다. 당신을 통해 나타나는 하나님의 역사하심에 마음을 빼앗기지 마십시오. 하나님이 당신을 사용하시는 과정에도 집중하지 마십시오. 은사는 은혜가 아닙니다.

하나님의 은혜가 당신 안에서 역사하고 있다는 증거는 무엇입니까? 당신은 자신을 드러내려고 합니까, 아니면 하나님을 높이려고 합니까?

하나님 앞에서의 침묵

우리의 생명이 하나님 안에 있는 그리스도의 생명과 함께 숨겨질 때, 우리는 하나님 앞에서 침묵을 배우게 됩니다. 여기서 침묵이란 그냥 입을 다물고 있는 것이 아니라, 주님이 우리를 돌보신다는 강한 확신과 함께 누리는 평강의 침묵을 의미합니다. 그런데 우리는 얼마나 재잘거리는 참새 같습니까! 하나님의 처마 밑에서 아무리 재잘거리며 떠들어 대도 정작 그분의 음성을 듣지는 못하니 안타깝습니다.

✻✻✻✻✻

하늘 아버지는 이 작은 참새도 먹이시고 보호하시는 분입니다. 예수님을 통해 이것을 배울 때, 우리는 비로소 하나님의 음성을 듣게 됩니다. 참새는 슬픔의 밤에 노래할 수 없습니다. 하나님 앞에서 침묵을 배우지 못한 영혼도 마찬가지입니다. 그러나 하늘에 계신 아버지를 단 한 번 보기만 하면, 단 한 번 생각만 하면, 당신은 슬픔의 밤에도 평강을 누리게 될 것입니다.

당신은 하나님 앞에서 침묵을 배웠습니까? 잠잠히 침묵하는 가운데 차고 넘치는 하나님의 은혜를 누리는 비결을 배웠습니까?

사랑과 정욕

하나님의 은혜에 사로잡히면 당신 삶의 모든 사랑은 안전합니다. 그러나 하나님을 향한 사랑이 가장 강하지 않으면 그 사랑은 반드시 정욕으로 드러나게 됩니다. 세상에서 일어나는 잔인한 사건들 대부분이 이렇게 일어납니다. 즉, 하나님만이 채워주실 수 있는 것을 피조물에게 요구하면서부터 말입니다. 우리는 상대가 내 요구를 들어 주지 않을 때, 앙심을 품게 되고 질투하게 되고 미워하게 되고 잔인하게 굴게 됩니다.

❈❈❈❈

하나님의 은혜가 임하면 하나님 앞에서 자신의 모습을 보게 됩니다. 그때는 정신적으로 건강한 사람도 광적으로 변할 수밖에 없습니다. 하나님의 은혜를 경험한 사람들은 '시계추 현상'을 예상하고 있어야 합니다. 즉, 과거와는 정반대의 모습을 보일 수 있음을 이해해야 합니다.

당신은 정욕과 사랑의 차이를 구별할 수 있습니까? 하나님의 은혜가 어떻게 당신을 잔인함, 앙심, 질투로부터 보호해 줍니까?

고난 훈련

당신은 '고난 훈련'에 대해 알고 있습니까? 성경은 고난에 대해 어떻게 말하고 있는지 살펴보십시오. 그러면 하나님의 자녀들의 가장 큰 특징이 '고난을 이기는 능력'임을 발견할 수 있을 것입니다. 고난과 고통의 문제는 우리를 시험에 들게 합니다. 흔히들 행복하고 평화로우면 모든 것이 잘되어 가고 있다고 생각합니다. 하지만 그 행복이 하나님과 올바른 관계를 누리고 있다는 증거는 아님을 명심하십시오.

인생의 용광로는 하나님의 허락하심으로 인해 우리 앞에 놓이는 것입니다. 우리는 고통 없이도 영적으로 충분히 성장할 수 있다고 여기지만 그것은 착각입니다. 오히려 고통으로 인해 성장하게 됩니다. 당신에게 필요한 것은 힘든 상황을 피하기 위한 지혜와 능력이 아니라, 그 상황을 선용할 줄 아는 지혜와 능력입니다. 즉, 당신은 천년 왕국을 기다려야 하는 것이 아니라, 지금 당신이 서 있는 곳에서 고난과 고통을 통과하며 은혜를 나타내야 합니다.

당신은 고난과 고통으로부터 지켜 주지 않으시는 하나님을 원망한 적 있습니까? 고통당할 때 경험한 하나님의 은혜는 무엇입니까?

침묵의 신비

하나님의 침묵이 기도 응답일 때가 있습니다. 만일 자명하게 알 수 있는 것만 기도 응답으로 여긴다면, 아직 신앙의 초보 단계에 있는 것입니다. 하나님이 당신의 기도에 침묵하시는 이유는 당신을 신뢰하시기 때문입니다. 이처럼 하나님의 침묵은 우리의 이해를 초월하는 차원에서 이루어지는 응답입니다. 혹 원하는 응답을 얻지 못해 하나님 앞에서 울고 있진 않습니까? 막달라 마리아는 예수님의 무덤 앞에서 울며 그분의 시신을 구하고 있었습니다. 누구에게 구하고 있었습니까? 예수님을 동산지기로 착각하고 그분께 구하고 있었습니다! 그녀는 예수님을 알아보지 못했던 것입니다. 그럼에도 불구하고 예수님은 그녀가 구한 것과는 차원이 다른 가장 멋진 응답을 주셨습니다. 바로 부활하신 예수님 자신을 말입니다.

✿✿✿✿✿

"주님, 위엄 가운데 일어나셔서 우리의 생각과 행동을 주장해 주시옵소서. 오늘도 치유, 소망, 은혜가 머무는 아름다운 하루가 되도록 임재해 주시옵소서."

당신은 하나님의 침묵을 기도 응답으로 기꺼이 받아들이고 있습니까? 당신은 상실로 인해 많은 시간을 슬픔으로 보내고 있습니까, 아니면 앞으로 다가올 부활을 기다리고 있습니까?

❝ 하나님이 우리를 사랑하시는 사랑을
우리가 알고 믿었노니
하나님은 사랑이시라. 요일 4:16

And so we know and rely on the love
God has for us. God is love. ❞

지금 어둠의 터널을 지나고 있습니까?
그렇다면 자신을 향해 이 귀한 진리를 선포하십시오.
"하나님은 사랑이시라!" 지독한 고통으로 인해
그 사랑을 말하고 싶지 않을지라도
삶 속에 끊임없이 드러나는 은혜의 증거는 그분의 사랑입니다.

고난, 은혜의 수단

앞으로 닥칠 일들만 생각하지 말고, 이 땅에서 보이지 않는 하늘의 것들을 생각하십시오. 함께 살아가는 까다로운 사람들, 날마다 겪는 어려운 상황들을 통해 하늘나라에 어떤 큰 영광이 예비 되고 있는지를 생각하십시오. 이러한 관점에서 생각한다면, '고난'이 바로 '은혜의 수단'이라는 놀라운 사실을 발견하게 될 것입니다.

✤✤✤✤

하나님께 은혜를 구했음에도 불구하고 고난이 찾아올 때, 당신은 속으로 '하나님께 은혜를 구했는데 어떻게 매번 사탄은 나를 사로잡으려고 할까?'라고 생각할지 모릅니다. 그러나 당신이 '사탄'이라고 부르는 그것도 하나님이 사용하시는 방편임을 기억하십시오.

당신은 은혜의 통로가 되고 있습니까, 아니면 단지 은혜의 수혜자로만 살고 있습니까? 어려운 상황, 즉 은혜를 확장시킬 수 있는 기회가 생길 때마다 당신은 그 기회를 붙듭니까, 아니면 회피합니까?

인내의 상황

전능하신 하나님은 우리가 끝까지 인내할 수 있도록 붙들어 주십니다. 그 어떤 사람도 홀로 인내의 상황을 견뎌낼 수 없습니다. 오직 하나님의 능력으로만 가능합니다. '인내의 상황'이란 잘 지내다가 갑자기 직장을 잃거나 생각은 굴뚝같은데 그것을 실현할 수 없는 상황을 말합니다. 또한 갑자기 질병에 걸리거나 사랑하는 친구를 잃는 등 하나님의 섭리를 헤아릴 수 없어 당혹해 할 때를 말합니다. 그러나 이 모든 상황 가운데서도 은혜는 임합니다. 그때 당신은 전혀 요동하지 않을 것입니다. 그러므로 지금 은혜를 얻으십시오. 나중에 구하면 늦습니다. 상황이 당신을 어디로 이끌던지 계속 하나님의 은혜를 공급받으십시오.

하나님의 충만한 은혜 가운데 거하는 사람들의 특징은, 아무리 모욕을 당해도 은혜만이 드러날 뿐 그들이 모독당했다는 흔적은 어디에도 남지 않는다는 것입니다.

인내의 상황에서 당신이 은혜를 누리고, 나누지 못하도록 막고 있는 것은 무엇입니까?

거룩의 옷을 입으십시오

'흠이 없다'는 것이 '실수가 없다'(faultless)는 것을 의미하지는 않습니다. 실수가 없는 사람은 없습니다. 모두 육신 가운데 살아가기 때문입니다. 실수가 없으신 분은 오직 예수님뿐이십니다. 그러나 하나님의 은혜로 거룩의 옷을 입으면 흠 없는 삶을 살 수 있습니다. 하나님 앞에서 거룩하고 진실하게 변화되기 때문입니다. 이것은 오직 하나님의 은혜로만 가능합니다.

※※※※※

흠 없는 삶은 생각한다고 해서 저절로 살아지는 삶이 아닙니다. 기도한다고 되는 것도 아닙니다. 오직 거룩의 옷을 입어야 합니다. 이것은 하나님의 완전하시고 주권적인 은혜의 역사에 의해서만 가능합니다. 이는 우리의 생각이나 삶, 그리고 예배가 완벽하다는 의미가 아니라, 모든 것을 감찰하시는 하나님께 책잡힐 것 없는 성향이 우리 안에 형성되었음을 의미합니다.

당신은 흠 없는 삶을 살기 위해 무엇을 하고 있습니까? 혹 하나님의 은혜를 다 안다고 착각하고 있지는 않습니까?

전제로 부어지는 삶

여러 고난의 상황은 주의 백성들을 하나님이 기뻐하시는 포도주로 만들어 내는 과정입니다. 만일 당신이 포도송이채로 남아 있다면 포도주가 될 수 없습니다. 포도주가 되기 위해서는 포도알이 짓눌려져야 합니다. 그때 생명의 향기가 하나님의 영광으로 나타나게 됩니다. 삶의 상황들을 살펴보십시오. 당신은 그 상황들로 포도주를 만들 수 있습니다. 하나님께 감사하십시오. 하나님은 그 상황을 통해 그분의 특별한 은혜를 드러내길 원하십니다.

하나님이 당신의 완고함을 드러내실 때, 그것을 다루시도록 항복하지 않으면 당신은 의심과 냉소 가운데 다른 이들의 약점을 찾기 시작할 것입니다. 그러나 하나님께 완전히 항복하면 그분은 당신 삶을 흠 없게 만드실 것입니다. 흠 없는 삶은 경건한 행위로 되는 것이 아니라, 오직 하나님의 주권적인 은혜가 역사할 때 가능합니다. 그리고 그때 하나님만을 신뢰하게 됩니다.

당신은 짓눌리고 빻아지는 삶을 살고 있습니까? 당신의 삶은 향기 나는 전제로 하나님께 부어지고 있습니까?

은혜의 아군

하나님의 은혜는 위기 속에서도 결코 사라지지 않습니다. 포기하고 쓰러지는 것은 우리입니다. 그리고 우리가 쓰러지는 이유는 하나님의 은혜를 사용하는 훈련을 하지 않기 때문입니다.

하나님은 당신이 할 수 없는 일들을 하십니다. 그러면 그 뒤에 당신은 당신 몫에 해당되는 일을 해야 합니다. 즉, 하나님이 당신 안에 이루어 놓으신 일을 삶에서 실천해야 합니다. 훈련은 당신의 몫이지 하나님의 몫이 아닙니다. 당신은 자신을 복종시켜 하나님의 강력한 아군이 되어야 합니다.

당신은 위기를 대비해서 어떤 훈련을 하고 있습니까? 당신 안에 하나님의 성품이 형성되고 있습니까? 당신은 은혜의 아군 역할을 잘 감당하고 있습니까?

하나님의 이해하심

하나님의 은혜 안에 거하면 사람들이 당신을 이해해 주지 않더라도, 심지어 당신이 스스로를 이해할 수 없을지라도 전혀 개의치 않을 것입니다. 만일 누군가가 당신을 다 이해한다면, 그는 당신의 신이 될 것입니다. 하지만 당신을 다 이해하시는 분은 당신을 지으시고 구속하신 하나님뿐이십니다. 하지만 그분은 결코 당신에게 당신 자신에 대해 다 설명하지 않으실 것입니다. 단지 그분과 연합하도록 이끄실 것입니다. 그때 당신은 참된 자유를 누리게 될 것입니다.

※ ※ ※ ※

하나님의 은혜는 기적을 이루어 냅니다. 그런데 그때 하나님을 잊고 그 기적에 헌신하는 경우가 많습니다. 그러고는 어려움이 닥쳐올 때마다 사탄이 자신을 대적한다고 말합니다. 사실 우리는 하나님이 우리를 어떻게 변화시키셨는지에 대해 지독하게 무지합니다. 어려움을 직면하십시오. 그러면 모든 것을 변화시키시는 은혜의 능력을 삶으로 입증하게 될 것입니다.

당신도 당신 자신을 다 이해할 수 없는데 왜 누군가가 당신을 이해해 주길 바랍니까? 당신은 하나님이 당신을 다 이해하고 계시다는 이 놀라운 사실을 믿습니까?

그 사랑을 노래하십시오

하나님의 은혜를 어떻게 경험했는지 돌아보십시오. 그때 당신은 한 가지 분명한 사실을 발견하게 될 것입니다. 그것은 바로 '하나님은 사랑'이시라는 것입니다(요일 4:16). 그 사랑에 대한 믿음이 희미해졌을 때에라도, 많은 시련과 어려움 때문에 그 사랑을 말하고 싶지 않을 때에라도 끊임없이 드러나는 증거는 하나님은 사랑이시라는 것입니다. 눈앞에 역경과 어려움이 놓여 있더라도 두려워하지 마십시오. 사람들과 이 세상에 대한 믿음은 잃을지라도 하나님은 사랑이시라는 믿음만은 잃지 마십시오. 어둠의 시간 속에서도 마음속에 이 귀한 진리를 속삭이십시오. 이 진리를 선포하고 그 사랑을 노래하십시오. "하나님은 사랑이시라!"

✤✤✤✤✤

하나님께서 은혜의 선물을 주시기 위해 어떤 희생을 치르셨는지 기억하십시오. 그분이 치르신 희생은 우리가 가늠조차 할 수 없는 것이었습니다. 그리스도의 십자가는 하나님의 뜻을 볼 수 있는 거울입니다. 예수 그리스도는 "창세로부터 죽임 당하신 어린양"이십니다(계 13:8). 곧 하나님의 뜻입니다.

당신은 하나님의 사랑을 노래하고 있습니까? 그렇다면 어디에서 누구에게 그 노래를 부르고 있습니까?

주님을 닮아 가는 본성

엄마를 닮아 가는 것은 자녀의 자연스러운 본능입니다. 우리가 거듭나면 성령님은 우리 안에 주님을 닮아 가는 본성을 심어 놓으십니다. 그러면 우리는 은혜 가운데 자연스럽게 성장하게 됩니다. 이러한 성장은 인위적인 것이 아닙니다. 당신을 선하게 하셨다면 선해지려고 노력하지 않아도 되는 것처럼 말입니다. 우리는 가장 많은 시간을 보내는 대상과 자연스럽게 닮아 갑니다. 만일 당신이 예수님과 함께 한다면 그분을 닮아 갈 것입니다.

당신의 모범은 선한 사람도 아니고 심지어 훌륭한 그리스도인도 아닙니다. 당신이 닮아 가야 할 오직 한 분은 하나님이십니다. 당신은 하나님의 은혜 안에서 하늘 아버지를 닮아 가야 합니다.

당신은 당신을 사로잡은 은혜로 인해 친절과 관용을 나타내고 있습니까?
당신이 아직 닮지 못한 예수님의 성품은 무엇입니까?

가장 자연스러운 성품, 거룩

거듭나는 순간, 인간은 처음으로 자연스러운 존재가 됩니다. 그전까지는 비정상적인 존재로 살아갈 수밖에 없습니다. 그 이유는, 죄 자체가 비정상적인 것이기 때문입니다. 은혜로 회복되면 거룩은 가장 자연스러운 성품이 됩니다. 당신이 하나님과 바른 관계를 갖는다면, 당신의 모든 본성은 하나님께 순종하도록 도울 것이며 성경은 최고의 도우미가 될 것입니다. 그러나 당신이 독자적으로 살아가려 한다면, 당신은 불순종하게 될 것입니다. 독자성은 힘이 아니라 드러나지 않은 약점이며 죄의 본질이기 때문입니다.

※※※※※

'순종'이라는 과정을 통해 육적인 삶을 영적인 삶으로 승화시키지 않는다면, 당신의 신앙고백은 구역질나는 위선이 될 것입니다. 인간의 덕에 기초한 모든 수고는 결국 하나님의 은혜를 향해 격분하게 됩니다. 하나님을 의지한다는 것은 그분의 은혜가 내 안에서 정상적으로 역사하고 있음을 의미합니다.

이제 당신은 하나님을 의존한다는 것이 자연스러운 행위임을 깨달았습니까? 거룩은 복종시키기 위한 조건이 아니라 도리어 하나님이 당신의 즐거움을 위해 의도하신 것임을 깨달았습니까?

그리스도의 생명을 취하십시오

우리에게 가장 중요한 것은, 하나님이 우리 안에 주신 그리스도의 생명입니다. 우리는 그 생명 안에서 하나님의 은혜를 누리며 그분께 충성하고 그분의 관점을 취하게 됩니다. 이때 다른 모든 것은 상대적으로 중요하지 않습니다. "사람의 생명이 그 소유의 넉넉한 데 있지 아니하니라"(눅 12:15). 오직 그리스도의 생명을 취하십시오.

믿음은 반드시 시험을 통과해야 합니다. 그런데 그 시험은 예측할 수 없을 때 불현듯 찾아옵니다. 선지자들도 이해할 수 없는 일에 참여해야 했습니다. 그리스도인들도 마찬가지입니다. 만일 "하나님은 이렇게 역사하는 분이시지"라고 말하는 사람이 있다면, 그는 지금 영적 교만으로 나아가고 있는 것입니다.

그리스도의 생명이 아닌 자신의 존재를 드러내기 위해 살아가지는 않습니까? 당신은 하나님이 행하시는 일을 예측하는 사람입니까, 아니면 겸손히 참여하는 사람입니까?

진실과 정직

하나님의 자녀는 그분께 아무것도 감추지 않는 진실함을 가지게 됩니다. 아무리 선한 사람이라도 마음속에 거짓과 간교함이 있습니다. 인간은 하나님과 함께 빛 가운데 거닐기 전까지 자신의 출세와 성공을 위해 수고합니다. 그리고 그 수고가 사라질 때 비로소 간사함도 사라지게 됩니다. 빛 가운데 거할 수 있는 유일한 비결은 스스로 자신을 보호하려고 하는 대신, 예수님께 진실하며 충성하는 것입니다. 하나님이 당신을 보호해주시고 지켜주시도록 당신의 모든 것을 그분께 의탁하십시오.

❈❈❈❈

당신 스스로 기독교인이라고 고백했다면 진실해야 합니다. 하나님의 은혜는 우리를 정직하게 만듭니다. 또한 이 말은, 부패한 우리에게 하나님의 구원이 절대적으로 필요함을 인정하는 것입니다. 만약 우리가 이 사실을 망각하고 자신의 얄팍한 기준을 세우기 시작하면, 그때부터 그릇된 길로 가게 됩니다.

하나님의 은혜 외에 신뢰하고 있는 것은 무엇입니까? 당신은 어떤 때에 정직하지 못합니까?

이상에 닿을 수 있는 길

예수 그리스도는 우리에게 이상(理想)을 주실 뿐 아니라 우리의 힘으로 그 이상을 이룰 수 없음도 알려 주십니다. 예수님이 이 땅에 오신 이유는, 우리가 그분의 은혜로 그 이상에 닿을 수 있도록 하기 위함입니다. 이 세상의 선생들은 그 이상에 닿을 수 있는 길에 대해 언급하지 않습니다. 그럼에도 사람들은 그들을 좋아합니다. 그러나 기억하십시오. 인간은 그리스도의 십자가를 통해 중생하지 않는 한, 하나님이 요구하시는 그 이상에 결코 이를 수 없습니다. 중생은 결코 경험에 의해 임하지 않습니다. 죄에 대한 수치와 회개를 통해 임합니다.

※ ※ ※ ※ ※

"이제 나는 은혜 아래 있기 때문에 더 이상 율법에 얽매이지 않아"라고 말하지 않도록 주의하십시오. 하나님의 은혜 아래 있다는 것은, 이제 우리가 하나님의 율법을 은혜롭게 이룰 수 있다는 의미입니다.

당신은 하나님의 은혜 없이, 그분의 이상을 이루기 위해 노력하고 있진 않습니까? 혹시 하나님의 은혜를 '죄 지을 수 있는 자격증'으로 착각하고 있진 않습니까?

용서는 기적의 증거

거듭나기 전에 우리는 죄에 대하여 독하게 판단하고 정죄했습니다. 그러나 거듭난 후에는 누군가의 죄를 바라볼 때 두 가지를 인식하게 됩니다. 첫째는 나 역시 같은 죄를 언제든지 지을 수 있다는 인식이며, 둘째는 그들을 위해 기도해야 한다는 인식입니다.

❈❈❈❈❈

주변에서 일어나는 죄악은 인간의 마음과 생각이 얼마나 부패했는지를 보여 줍니다. 용서하기 싫어하는 마음은 용서받지 못할 인간의 본성으로서 그 마음이 변하지 않고서는 참된 용서를 할 수 없습니다. 용서는 예수 그리스도를 통해 나타내신 하나님의 은혜입니다. 또한 우리 안에 기적이 일어났음을 보여 주는 증거입니다.

당신이 심각한 죄에 빠지지 않는 이유가 오직 하나님의 은혜임을 알고 있습니까? 또 그것에 대해 얼마나 자주 감사하고 있습니까?

예레미야의 슬픔

과거가 아닌 현재를 살아가십시오. 당신의 믿음을 과거에 은혜로웠던 경험에 두지 말고 오직 오늘, 은혜로운 삶을 가능케 하시는 하나님께 두십시오.

※ ※ ※ ※ ※

영혼이 모욕당할 때 상처 입지 않으려면 하나님의 은혜가 필요합니다. 예레미야의 괴로움과 슬픔 앞에서 그를 비난하고 싶습니까? 만약 이 세상의 지혜를 따라 하나님이 행하시는 역사를 어리석게 여긴다면, 결코 겟세마네와 갈보리의 고통을 예표하는 예레미야의 슬픔을 이해할 수 없을 것입니다. 모든 인생의 문제는 예레미야의 예언 안에서 헤아려질 것입니다.

당신은 은혜 가운데 현재의 삶을 누리고 있습니까, 아니면 은혜의 출입구 앞에 서서 과거만 회상하고 있습니까? 당신은 은혜로 말미암아 수치와 실패의 문을 통과했습니까, 아니면 계속 다른 출입구를 찾고 있습니까?

은혜에 뿌리내리지 않는 권세

하나님은 그분의 목적을 이루시기 위해 권세를 주십니다. 하지만 그 권세를 잘못 사용하면 얼마든지 타락할 수 있습니다. 권세를 받은 사람이 하나님과의 관계를 유지하지 않는다면, 그 권세 때문에 마음이 강퍅해지고 하나님으로부터 멀어지게 될 것입니다. 하나님의 은혜에 뿌리를 내리지 않는 권세는 끔찍할 만큼 위험합니다.

※ ※ ※ ※ ※

하나님의 목적은 그분의 작정하심과 그분의 백성들이 자원하는 마음으로 즐거이 따를 때 이루어집니다. 하나님은 우리를 억지로 이끌지 않으십니다. 그래서 때론 그 목적이 이루어지기까지 시간이 걸립니다. 하지만 그분의 뜻은 반드시 이루어집니다. 하나님의 은혜가 임할 때 나타나는 놀라운 현상은, 나 역시 그분의 뜻이 이루어지기를 간절히 바라게 된다는 것입니다.

당신은 권세를 바르게 사용하고 있습니까? 당신은 불순종과 강퍅함에서 벗어나기 위해 매일 애쓰고 있습니까?

겸손 없는 거룩

겸손에 기초하지 않은 희락은 성령으로 난 것이 아닙니다. 하늘의 기쁨은 오직 속죄에 의해서만 가능하며 성령의 역사에 의해서만 경험됩니다. 하나님은 우리에게 그분의 은혜가 무엇을 속죄하였는지 더욱 깨닫게 하십니다. 만약 당신이 거룩한 그리스도인이라면 절대적으로 겸손한 태도를 지녀야 합니다. 사도 바울은 자신의 과거를 절대 잊지 않았습니다. 당신 역시 하나님의 은혜에 깊이 빠져들수록 겸손해질 것입니다. 겸손 없는 거룩은 존재하지 않습니다.

※ ※ ※ ※ ※

많은 사람들이 겸손에서 벗어나 자신의 영웅적인 행동을 자랑합니다. 이렇듯 우리는 하나님이 우리를 위해 뭔가 이루어 주시면 쉽게 우월 의식에 빠집니다. 당신은 이러한 성향을 주의하십시오. 우리가 자랑해야 할 영웅은 예수님밖에 없습니다. 하나님의 은혜가 넘칠 때 가장 뚜렷한 증거는 정직입니다. 하나님은 거룩하십니다. 그분과의 연합을 통해 거룩하심이 주어질 때, 우리는 정직하게 됩니다.

당신은 하나님의 은혜로 겸손하고 정직한 삶을 살고 있습니까? 부정직함은 어디에서 오며 어떤 결과를 낳습니까?

그리스도의 완전함

예수님은 제자들이 이 세상에서 벗어나게 해달라고 기도하지 않으셨습니다. 다만 이 세상의 악에 물들지 않게 해달라고 기도하셨습니다. 우리도 세상에 거하되 악에 물들면 안 됩니다. 어떠한 상황도 우리의 내면에 영향을 끼칠 수 없으며 오히려 우리 안에 자리한 예수님의 생명은 주변에 큰 변화를 일으켜야 합니다. 햇살이 세상을 두루 비추지만 그 자체는 오염되지 않는 것처럼 말입니다. 우리의 사명은 어떤 상황에서도 빛의 역할을 감당하는 것입니다.

✿ ✿ ✿ ✿ ✿

곤경에 처할 때, 그것을 이기게 해달라고 기도하지 마십시오. 대신 하나님의 은혜로 그리스도의 완전함이 당신 안에 나타나게 해달라고 기도하십시오. 예수님은 우리에게 인내할 수 있는 능력 자체를 주지 않으십니다. 대신 그분의 생명이 우리 안에 거할 때, 그분의 인내가 우리를 통해 나타나게 하십니다. 거룩 역시 마찬가지입니다. 그분 안에 있는 거룩이 그분의 생명과 함께 우리를 통해 나타나는 것입니다.

하나님의 은혜는 당신을 어떻게 변화시켰습니까? 그리고 당신 안에 있는 그 은혜는 주변에 어떤 변화를 일으키고 있습니까?

복음이 먼저입니다

믿음에 이르는 첫 번째 길은 '들음'입니다. "그러므로 믿음은 들음에서 나며 들음은 그리스도의 말씀으로 말미암았느니라"(롬 10:17). 믿음이 우리 안에서 실제가 되려면 제일 먼저 들어야 합니다. 들은 후에야 믿을 수 있기 때문입니다. 그러나 대부분의 사람들이 이 부분을 놓칩니다. '은혜의 역사'를 경험하려면 먼저 '은혜의 복음'을 믿어야 합니다. 그리고 그것을 믿으려면 먼저 복음을 들어야 합니다.

믿음은 굳건한 마음 자세 그 이상의 것입니다. 믿음은 예수 그리스도의 죽음과 부활을 통해 제시되는 은혜의 복음을 온전하고 진실하게 온 마음으로 의지하는 것입니다.

당신은 은혜의 복음을 듣고 있습니까? 그것을 어떤 태도로 듣고 있습니까?

" 내가 그리스도와 함께 십자가에 못 박혔나니
그런즉 이제는 내가 사는 것이 아니요
오직 내 안에 그리스도께서 사시는 것이라. 갈 2:20

I have been crucified with Christ and I
no longer live, but Christ lives in me. "

이제 당신이 세워나가야 할 삶은,
하나님이 모든 죽은 행실로부터 당신을 깨끗하게 하셨음을
증명하는 삶이어야 합니다.

중생과 거룩

당신은 선물을 받기 위해 어떤 행동을 합니까? 사실 아무 행동도 필요치 않습니다. 무언가를 해서 선물을 '벌어야 한다'면 그것은 더 이상 선물이 될 수 없습니다. 선물은 그것을 받을 자격이 없음을 알 때 더욱 선물다워집니다. 이처럼 '우리 안에 선한 것이 없음'을 인식하고, '하나님의 선물을 받을 자격 없음'을 깨달을 때, 은혜는 더욱 크게 임합니다. 당신이 거룩해지길 원한다면, 그것 역시 오직 하나님의 주권적인 은혜로만 가능합니다.

✢✢✢✢✢

중생과 거룩의 온전한 의미는 그리스도 예수 안에서 새로운 피조물이 되는 것입니다. 그러나 거룩은 새로운 시작도, 하나님이 내 과거를 모두 용서하셨다는 의미도 아닙니다. 거룩은 예수 그리스도 안에 있는 하나님의 형상이 내 안에 새롭게 창조되었음을 의미하는 것입니다.

당신은 은혜라는 선물을 기꺼이 받아들입니까, 아니면 그것을 받기 위해 뭔가를 지불하려고 합니까? 당신은 하나님의 은혜로 완전히 새로워졌습니까, 아니면 내 맘에 들지 않는 몇 가지만 개조하려고 합니까?

약속 안으로 들어가십시오

하나님은 당신을 억지로 끌어다가 그분의 뜻을 행하도록 하지 않으십니다. 그분의 뜻에 따라 행하는 것은 당신의 몫이지 하나님의 몫이 아닙니다. 당신이 스스로 결단하고 순종해야 합니다. "그러므로 너희가 더욱 힘써 너희 믿음에 덕을, 덕에 지식을, 지식에 절제를, 절제에 인내를, 인내에 경건을, 경건에 형제 우애를, 형제 우애에 사랑을 더하라"(벧후 1:5-7). 걸어가야 할 길을 분명하게 확인한 뒤 나아가십시오. 그리고 그 길을 걸어갈 때 잘 가고 있는지 의심하지 마십시오.

✤✤✤✤✤

혹 지금 하나님의 약속의 가장자리에서 머뭇거리며 서 있습니까? 하나님께 쓰임 받길 원한다면 가장자리에서 벗어나 약속의 안으로 들어가십시오. 만약 순종하기를 머뭇거린다면, 은혜의 자리에서 미끄러질지도 모릅니다.

당신은 하나님이 순복시키실 때까지 버티곤 합니까? 마음과 삶을 변화시키시려는 그분의 뜻을 거절하는 이유는 무엇입니까?

자아의 주장

하나님의 명령은 인간의 본성에 주어지는 것이 아니라, 당신 안에 있는 예수님의 생명 안에 주어집니다. 하나님의 모든 명령은 인간적으로 볼 때 순종하기 어렵습니다. 하지만 일단 순종하면, 하나님의 전능하신 능력을 배후에 두기 때문에 넉넉히 감당할 수 있습니다.

당신의 자아가 당신을 주장할 때마다 당신 안에 있는 예수님의 생명은 고통당합니다. 우리는 요란하게 자아를 드러내어 스스로 영광 받으려는 모든 인간적인 요소를 주의해야 합니다. 우쭐하여 교만해지는 순간, 은혜 안에서의 모든 성장은 멈추게 됩니다.

누군가와 의견이 부딪칠 때, 당신은 그리스도의 향기를 냅니까, 아니면 짜증과 화를 냅니까? 당신의 기질 중, 은혜 가운데 성장하는 것을 방해하는 기질은 무엇입니까? 늘 주의해야 하는 나쁜 기질은 무엇입니까?

주님의 부요하심

세상은 돈에 대해 거짓말합니다. 그중 가장 지독한 것은 "돈이 너무 부족해"입니다. 영적 영역에서도 마찬가지입니다. 우리는 종종 "은혜가 부족해서 살아가기 힘들어"라고 말합니다. 그러나 하나님은 땅의 모래알과 하늘의 별을 동원해서라도 당신에게 복을 베풀기 원하시는 분입니다. 상황이 어렵다고 한들 무슨 소용 있겠습니까? 당신은 왜 어려움이 없어야 한다고 생각합니까? 우리는 그 어떤 어려움도 하나님의 은혜로 견뎌낼 수 있습니다.

※ ※ ※ ※ ※

당신은 예수 그리스도의 헤아릴 수 없는 부요하심과 공급하심을 누릴 수 있습니다. 하지만 안타깝게도 어떤 이들은 하나님을 은혜에 매우 인색하신 분처럼 말합니다.

당신은 하나님의 은혜가 인색하게 주어지는 것처럼 행동함으로써 그분을 모독하고 있지는 않습니까?

삐뚤어진 자기 연민

하나님께 불만이 있습니까? 자기 연민에 빠져 영적으로나 정신적으로 비뚤어지고 있진 않습니까? 그렇다면 하나님께 등을 돌리고 그분과 점점 멀어지고 있는 것입니다. 하나님께 곧바로 나아가십시오. 그분의 은혜를 사모하십시오. 그러면 언제나 하나님의 복이 임할 것입니다. "하나님은 매우 인색하신 분이야"라고 불평하지 않는다면, 그분은 당신을 통해 마음이 상한 자들을 치유하시고 포로된 자들을 자유케 하실 것입니다. 예수 그리스도와 연합된 마음에 자기 연민 따위는 없습니다.

수천억 원을 가진 사람처럼 살아가십시오. 왜냐하면 당신은 다른 사람들을 향해 무한하게 사용할 수 있는 그분의 은혜를 가진 자이기 때문입니다.

삶이 고되고 힘들 때 자기 연민을 자주 느낍니까? 당신 안에 하나님의 무한한 은혜의 역사를 막는 것은 무엇입니까?

수건을 허리에 동이십시오

신앙생활에 있어 가장 큰 장애물은 스스로 큰일을 하려는 욕망입니다. 그러나 이 땅에서 예수님은 "수건을 가져다가 허리에 두르시고 이에 대야에 물을 떠서 제자들의 발을 씻으시고"(요 13:4-5)와 같은 미천한 일을 하셨습니다. 우리는 사람들의 주목을 받도록 부름 받지 않았습니다. 평범한 일상 가운데 하나님의 놀라운 은혜를 드러내도록 부름 받았습니다. 사람에게 영광을 얻기 위해 어떤 찬란한 순간이나 흥분되는 경험을 추구하는 것은 그 자체가 신앙생활의 함정입니다. 성도의 영광은 화려한 조명도 흥분도 없는 일상에서 수건을 가져다가 허리에 두를 때 나타납니다. 사람들은 행사를 벌여놓고 흥분하지만 하나님은 매일 반복되는 일상에서 우리를 구원하십니다.

❈❈❈❈❈

교만 안에도 힘이 있습니다. 그러나 우리는 이를 배척하고 하나님의 은혜와 능력을 구해야 합니다. 그분의 은혜는 아주 작은 일 가운데서도 우리를 바르게 세웁니다.

당신은 '작은 일'을 하면서도 만족을 느낍니까, 아니면 스스로 중요한 사람처럼 느끼고 싶어 늘 화려한 무언가를 추구합니까? 당신은 일상에서 하나님의 특별한 은혜를 경험하고 있습니까?

예수님의 친구

예수님은 우리를 그분의 친구로 삼으셨습니다. 당신이 이 사실을 깨달았다면, 주님이 보이신 그 사랑을 전해야 합니다. 하나님이 만나게 하시는 사람들을 주목하십시오. 그러면 과거에 당신이 하나님께 어떤 사람이었는지 알게 될 것입니다. 즉, 과거에 자신이 어떠했는지 마치 거울을 보는 것처럼 보게 될 것입니다. 이때 상대방에게 당신이 예수님의 친구가 되었음을 보이십시오. 그러면 당신의 변화를 통해 그 역시 하나님의 은혜를 경험하게 될 것입니다.

✢ ✢ ✢ ✢ ✢

은혜는 하나님으로부터 오는 차고 넘치는 호의입니다. 그런데 그것을 막는 단 한 가지는 우리의 죄와 완고함입니다.

하나님은 당신에게 어떤 사람들을 만나게 하십니까? 또한 그들을 통해 어떤 역사를 이루고 계십니까?

속죄의 효력

예수 그리스도께서 이루신 속죄의 효력은 우리의 모든 영역에서 나타납니다. 우리가 그 은혜를 헛되이 하지 않기 위해서는 날마다 하나님의 명령에 순종해야 합니다. 언제나 올바른 판단과 선택을 하기 원한다면 스스로에게 이렇게 물으십시오. "모든 삶 가운데서 속죄의 효력을 나타내려면 어떻게 해야 하는가?"

하나님의 은혜는 특별한 날이 아닌 일상 가운데 속죄의 효력을 드러내면서 입증됩니다. 평범한 삶을 부인하는 경건주의를 주의하십시오. 그것은 속임수입니다. 예수님은 우리가 태양 아래뿐 아니라 어둠 가운데서도 빛을 비추기를 원하십니다.

혹시 당신의 행동 중에 하나님의 은혜가 드러나는 것을 막는 행동은 없습니까? 당신은 은혜 받을 자격 없는 사람들에게도 기꺼이 은혜를 베풉니까? 혹 은혜를 베풀거나 베풀지 않을 권한이 당신에게 있다고 착각하고 있진 않습니까?

모욕당하는 복음

같은 마음으로 신앙생활을 하는 사람들과 함께 있는 한, 복음 때문에 모욕당할 일은 없을 것입니다. 그러나 믿음에 무관심한 자들을 만나 보십시오. 그 즉시 "세상이 너희를 미워하느니라"(요 15:19)는 예수님의 말씀을 경험하게 될 것입니다. 만일 당신이 주의 교훈을 믿고 그대로 행한다면, 세상은 당신을 실컷 조롱할 것입니다. 그래서 당신에게는 언제나 하나님의 은혜의 기적이 절대적으로 필요합니다.

※※※※※

순종할 때, 하나님의 초자연적인 은혜의 기쁨이 임합니다. 순종과 하나님의 은혜는 동시에 나타납니다. 순종을 통해 내 모든 것이 속죄에 근거하고 있음을 나타내십시오. 그러면 하나님의 은혜가 기쁨으로 임할 것입니다.

당신은 사람들의 무관심과 조롱을 견딜 만큼 성숙한 성도입니까? 그들을 감싸줄 만큼 영적으로 강한 성도입니까?

하나님의 뜻

하나님은 은혜를 주실 뿐 아니라 친히 당신 안에 거하셔서 그분의 기쁘신 뜻대로 행하십니다. 당신이 하나님의 자녀라면 하나님은 당신의 의지의 원천이실 뿐 아니라 당신 안에서 뜻을 행하시는 주체가 되십니다. 그리고 당신이 하나님의 뜻에 반하지 않을 때, 그분의 뜻은 곧 당신의 뜻이 되고 당신의 자연스러운 선택은 그분의 뜻과 조화를 이루게 됩니다. 그때 비로소 당신은 하나님이 조성하시는 모든 상황이 당신을 낙심과 연민에 빠트리는 것이 아니라, 그 가운데서 그분의 뜻을 행하게 하기 위한 것임을 이해하게 될 것입니다. 당신은 지금 있는 그곳에서 하나님의 뜻을 행해야 합니다. 하나님은 당신이 그분의 뜻을 행하기를 기대하고 계시며 동시에 당신 안에 친히 거하셔서 그 뜻을 이루어 가실 것입니다.

하나님의 뜻을 행하는 것은 결코 어렵지 않습니다. 모든 만물과 은혜의 능력은 하나님의 뜻을 행하고자 하는 자들을 돕습니다. 그리고 당신은 그것으로 인해 충만한 기쁨과 즐거움을 누릴 것입니다.

하나님은 그분의 뜻을 행할 기회를 주시기 위해 지금 당신에게 어떤 상황을 조성하고 계십니까?

하나님과의 연합

인간의 덕은 타락 이후 남아 있는 하나님의 형상의 잔재입니다. 세상 사람들은 자신들의 기준으로 세운 인내, 정직, 양심 등을 귀하게 여기지만, 성도에게는 하나님의 은혜 외에는 아무것도 의지할 것이 없어야 합니다. 인간의 도덕성과 고상한 자원들은 오히려 하나님으로부터 우리를 떼어 놓습니다. 따라서 당신은 이 모든 것을 내려놓아야 합니다. 그때 비로소 바울이 말한 "내가 그리스도와 함께 십자가에 못 박혔나니…"(갈 2:20)라는 말씀을 경험하게 될 것입니다. 그 뒤 다시 세워야 할 삶은, 하나님이 모든 죽은 행실로부터 깨끗하게 하셨음을 증명하는 삶이어야 합니다.

※ ※ ※ ※ ※

하나님의 목적은 우리의 모든 능력을 하나로 묶어 완벽하게 그분과 하나 되게 하시는 것입니다. 우리는 더 이상 영적인 어린아이가 아니며 마음과 생각으로 구속의 의미를 이해해야 합니다. 그리고 점점 더 성숙해짐으로써 그 구속의 은총을 자랑하는 삶을 살아야 합니다.

하나님의 은혜는 당신 안에서 무엇을 빚어내고 있습니까? 당신은 하나님과 연합했습니까, 아니면 아직도 자신밖에 모릅니까?

은혜로 말미암아

설교할 때 한 치의 양보도 하지 마십시오. 그러나 영혼을 대할 때는 자신도 은혜로 구원받은 죄인임을 기억하면서 다정하고 친절하게 대하십시오. 긍휼과 불쌍히 여기는 마음으로 대하십시오. 당신이 과거에 어떤 사람이었는지, 그리고 지금 하나님의 은혜로 어떤 사람이 되었는지를 늘 기억하십시오.

당신이 하는 기도, 설교, 간증, 친절과 희생의 행위 등이 하나님과 전혀 상관없는 일이라면 그것은 생명을 막는 일입니다. 당신의 현재 모습은 모두 은혜로 말미암은 것임을 잊지 마십시오. 하나님의 은혜로 말미암지 않은 삶은 죽은 것과 마찬가지입니다. 성도에게 저주는 하나님의 은혜와 상관없는 자기 '의'입니다.

당신은 사람들을 대할 때 은혜를 아는 자로서 대하고 있습니까? 은혜의 복음을 어떻게 전하는 것이 최선인지 고민해본 적 있습니까?

찢겨진 하나님의 빵

예수 그리스도는 세상의 양식이 되시기 위해 '찢겨진 하나님의 빵'을 상징합니다. 이처럼 성도도 주의 손에 들려져 하나님과 그분의 자녀들을 위해 찢겨지는 빵이 되어야 합니다. 이때 우리 삶은 예수 그리스도께 드려져야 합니다. 구약에서 첫 열매는 늘 하나님께 바쳐졌습니다. 이것은 우리가 먼저 하나님을 만족시킨 뒤 그분의 양을 먹이는데 쓰임 받아야 한다는 것을 상징적으로 보여 줍니다. 하나님을 만족시키는 성도는 그분의 양들을 더욱 강하고 성숙하게 만듭니다.

하나님의 은혜는 우리를 환난, 박해, 궁핍에 둔감하게 만들어 자기 연민에 빠지지 않게 합니다. 하나님은 거친 날씨와 평온한 날씨 모두 허락하시지만, 그분의 사랑에 사로잡혀 있다면 아무 상관없습니다.

하나님의 은혜로 당신은 찢겨지는 빵이 되었습니까? 지금 당신은 그 빵을 나누고 있습니까?

하나님의 차고 넘치는 호의

하나님을 향해 '경제'(economy)라는 용어를 사용하는 것은 그분에 대한 오해인 동시에 그분을 비하하는 것입니다. 당신은 하늘의 일출과 일몰, 들의 풀과 꽃, 나무를 보면서 경제를 생각합니까? 그것들을 보면서 경제적인 가치를 계산합니까? 일몰과 일출은 끝없이 반복됩니다. 하나님께 사용할 용어는 '경제'가 아니라 차고 넘치는 '풍요'입니다. 은혜는 하나님의 차고 넘치는 호의입니다. 사랑을 경제적인 가치로 계산할 수 있는 자가 어디 있겠습니까!

하나님은 누구든지 그분과 교제할 수 있도록 길을 열어 놓으셨습니다. 성도의 마지막은 십자가의 죽음이 아니라 영원한 영광입니다.

당신은 자연을 보며 하나님의 풍성하심과 아낌없는 사랑, 그분의 영광을 경험하고 있습니까?

당신 자신을 드리십시오

당신의 은사를 하나님께 드린다는 생각은 위험한 것입니다. 당신은 당신의 것이 아닌 것을 하나님께 드릴 수 없기 때문입니다. 당신이 드릴 수 있는 것은 당신 자신밖에 없습니다. 당신의 은사는 그냥 두고 먼저 당신 자신을 하나님께 드리십시오. 하나님이 요구하시는 것은 자동적으로 쉽게 되는 일이 아니라, 오직 은혜에 의해 완벽하게 준비될 때 가능한 일입니다.

※※※※※

당신은 당신 자신의 목적을 이루기 위해 이 땅에 있는 것이 아닙니다. 당신이 이곳에 있는 이유는 주님을 영화롭게 하기 위함입니다. 만일 주님이 당신에게 비열하고 배은망덕한 사람을 만나게 하신다면, 한순간도 그들로부터 얼굴을 돌리지 마십시오. 그렇게 하면 예수님께 영광을 돌릴 수 없습니다.

당신은 하나님께 자신이 아닌 다른 어떤 것을 드리려고 하지는 않습니까? 당신은 하나님의 부르심에 헌신하고 있습니까?

생명의 법

백합이 자기 자리에서 벗어나 "나는 이곳과 맞지 않아"라고 말한다면 어떻겠습니까? 백합의 의무는 심겨진 그 자리에서 자신의 생명의 법에 순종하는 것입니다. 이처럼 우리도 "이곳이 아닌 다른 곳이었다면 더 잘 할 수 있었을 텐데"라고 말하는 성향이 강합니다. 그러나 영적으로 성장하는 오직 한 가지 방법은, 은혜 가운데 자라든 다른 사람들을 위해 쓰임을 받든 오직 하나님께 집중하는 것입니다.

※※※※※

예수 그리스도는 인간의 삶 가운데 하나님의 율법을 실현시키기 위해 오셨습니다. 이것이 하나님의 은혜입니다. 우리는 모든 사람이 알고 읽을 수 있는 그리스도의 편지가 되어야 합니다. 성경은 은혜로 구원받았다고 하면서 은혜로운 삶을 살지 않는 그 어떠한 이유도 허용하지 않습니다.

은혜 가운데 성장하기 위해 어떤 완벽한 조건을 기다리고 있는 것은 아닙니까? 하나님의 은혜가 당신 삶에 역사한다고 믿습니까, 아니면 은혜가 부족하다고 생각합니까?

비판할 권리

비판하려는 마음을 가질 때, 하나님과의 교제는 불가능해집니다. 비판은 마음을 강퍅하게 만들고 보복하라고 충동질합니다. 또한 잔인하게 만들고 내가 우월한 사람이라고 착각하게 만듭니다. 비판하는 태도를 버리지 않고 성도의 성품을 계발하는 것은 불가능합니다. 성령님은 우리를 정결케 하시고 우리 안에 교만이 남아 있지 않도록 하십니다. 지금 당장 다른 사람을 평가하는 잣대를 제거하십시오. 모든 사람에게는 내가 알지 못하는 저마다의 사정들이 숨겨져 있습니다.

❈ ❈ ❈ ❈ ❈

'겸손'은 성도의 가장 위대한 특징입니다. 하나님의 은혜가 아니었다면 당신 역시 당신이 비판하는 죄들로 가득 찬 인간이지 않겠습니까? 그러므로 당신에게는 비판할 권리가 없습니다.

당신 안에 하나님의 은혜가 역사하는 것을 막는 교만과 비판적인 자세는 무엇입니까?

죄인임을 기억하기

만일 하나님께서 그분의 전능하신 능력으로 당신 눈에 있는 들보를 제거해주셨다면, 하나님이 다른 이에게도 그렇게 하실 것이라는 확신이 있을 것입니다. 이것이 하나님의 구원이 주는 확신입니다. 그때 당신은 하나님이 나를 변화시키셨다는 사실에 놀라는 동시에 그 어떤 사람에게도 실망하지 않게 될 것입니다.

당신이 가진 모든 좋은 것들은 오직 하나님의 주권적인 은혜로 주어진 것들입니다. 다른 사람들을 대할 때, 당신도 하나님의 은혜로 구원받은 죄인임을 결코 잊지 마십시오. 만약 당신이 하나님의 충만한 복을 받는 자리에 서 있다면, 그것은 당신의 어떠함 때문이 아니라, 오직 하나님의 주권적인 은혜 때문임을 명심하십시오.

당신은 여전히 하나님의 은혜를 찬양하고 있습니까? 혹 그 감격이 마르고 있진 않습니까? 당신은 가는 곳마다 은혜의 씨앗을 심고 있습니까?

쓰라린 상처를 향기로

은혜의 복음은 당신의 기억을 제거하여 과거를 무시해도 된다고 말하지 않습니다. 오히려 과거를 기억함으로써 하나님을 더 잘 섬길 수 있게 만듭니다. 사역자는 결코 과거를 잊으라고 말해서는 안 됩니다. 만일 과거를 잊는다면 강퍅하고 둔감한 사람이 될 것입니다. 그러한 사람은 하나님께 아무 쓸모없는 존재가 될 것입니다. 만일 과거의 상처들을 치유하고 승화시키는 십자가의 능력을 모른다면, 당신은 결코 다른 사람들을 도울 수 없습니다.

❄❄❄❄❄

성령님이 사역자에게 계속 과거의 쓰라린 상처를 기억나게 하시는 이유는, 그 상처를 하나님의 생명을 통해 가장 향긋하고 아름다운 향기로 변화시키기 위함입니다. 이는 가장 위대하고 놀라운 은혜의 역사로 "죄가 더한 곳에 은혜가 더욱 넘쳤나니"(롬 5:20)라는 말씀의 증거가 됩니다.

하나님의 은혜는 당신을 과거의 죄로부터 어떻게 구원했습니까? 또한 어떻게 죄와 상처의 아픔을 제거했습니까? 당신은 하나님의 은혜로 마음이 부드러워졌습니까?

마르지 않는 은혜

누군가의 도덕적 순결과 영적 진실함은, 그 사람이 누리는 하나님의 복과 비례하지 않습니다. 하나님은 의인과 악인 모두에게 자비를 베푸십니다. 그것은 그분의 은혜가 흘러넘친다는 증거입니다. 하나님과 아무 관계없는 사람도 이 땅에서 하나님의 복을 누릴 수 있습니다.

❋ ❋ ❋ ❋

당신이 가장 오래 참아야 하는 대상이 있다면 아마도 바로 당신 자신일 것입니다. 하나님은 당신을 향하여 결코 서두르지 않으십니다. 당신이 그분의 관점을 취하기까지 오랜 훈련이 필요하다는 것을 잘 알고 계시기 때문입니다. 하나님의 은혜는 결코 마르지 않습니다. 당신은 그 마르지 않는 은혜로 인하여 구속의 바탕 위에 설 수 있습니다.

당신은 모든 피조물이 하나님의 은혜로 존재한다는 사실을 어떻게 깨닫게 되었습니까? 왜 당신은 아직도 하나님의 은혜를 받을 자격이 안 된다고 생각하면서 그 은혜를 누리지 못하고 있습니까?

용서와 거룩

죄에 관한 한 우리는 나 자신을 걱정하기보다 다른 사람을 더 걱정하는 경향이 있습니다. 하나님의 용서는, 우리가 용서를 받아 그분과 새로운 관계에 들어갔음을 의미합니다. 즉, 용서를 통해 그리스도 안에서 하나님과 하나 된다는 것입니다. 따라서 용서받은 사람은 거룩한 사람입니다. 하나님이 우리를 용서하시고 우리 죄를 깊은 바다에 던지시고 다시 기억치 않으시는 이유는 바로 예수님의 공로 때문입니다. 만일 십자가 외에 다른 방법으로 용서받을 수 있다고 생각한다면, 이는 예수 그리스도를 발로 짓밟는 행위입니다. 용서는 하나님의 은혜가 이룬 기적입니다.

예수님은 전혀 사람을 신뢰하지 않으셨습니다. 그러나 결코 냉소적이지 않으셨고, 그 누구에게도 실망하지 않으셨습니다. 예수님은 사람이 아닌 하나님의 은혜만을 철저하게 믿으셨기 때문입니다.

내 죄는 축소하고 누군가의 죄는 과장하고 있지는 않습니까? 당신의 삶은 실제로 무엇을 의지하고 있습니까?

내 안에 심겨진 예수님의 유전자

만일 불순종이 불가능하다면 우리의 순종은 아무런 가치가 없을 것입니다. '죄 없는 완전함'이라는 이름의 이단은, 우리가 구원을 받으면 죄를 지을 수 없다고 주장합니다. 그러나 이것은 명백한 사탄의 속임수입니다. 십자가를 만나기 전까지 우리는 하나님께 순종할 수 있는 능력이 없었습니다. 그러나 이제 하나님이 우리 안에 그분의 아들의 유전자를 심어 주심으로써 순종할 수 있는 능력을 소유하게 되었습니다. 또한 결과적으로 불순종할 수도 있게 되었습니다. 제자의 삶은 어렵지만 분명히 영광스러운 삶입니다.

우리에게는 하나님께 기적을 보여 달라고 강요할 권리가 없습니다. 오늘날 교회가 당면한 유혹은 하나님의 기적을 이용해 '사업'(Show Business)을 하는 것입니다. 그러나 하나님이 기적을 행하실 때, 우리는 언제나 철저히 통제되고 연단된 삶을 살아가게 됩니다.

아직도 당신 안에서 싸우고 있는 정욕은 무엇입니까? 당신은 기적을 이용하고 있습니까, 아니면 그것을 통해 연단된 삶을 살아가고 있습니까?

그리스도와 연합하는 단계

하나님과 바른 관계를 맺을 때, 당신은 아담이 타락 전에 누렸던 창조의 모습으로 되돌아갈 수 있을 뿐 아니라, 그가 경험하지 못했던 하나님과의 연합된 관계로까지 나아가게 됩니다. 즉, 그리스도와 연합하는 단계까지 나아가게 됩니다. 이때 하나님은 당신이 그분의 자녀다워질 수 있도록 여러 가지를 요구하십니다.

만일 당신이 성령님께 순종해서 명하신 모든 것을 행한다면 위기 속에서도 은혜를 경험하게 될 뿐 아니라, 당신의 속성도 당신을 돕는 것을 발견하게 될 것입니다. 그러면 위기는 비참한 결과를 만들어내지 못할 것이고, 당신은 하나님을 향해 더욱 담대히 서게 될 것입니다.

에덴동산에 사는 것보다 그리스도 안에 사는 것이 훨씬 좋은 이유는 무엇입니까? 하나님이 당신을 그분의 자녀답게 하시기 위해 지금 당신에게 요구하시는 것은 무엇입니까?

경험할 수 없더라도

우리는 하나님의 놀라운 구원을 경험하지만 경험할 수 없는 영적 계시도 받아들여야 합니다. 우리가 예수 그리스도의 십자가 죽음과 부활을 똑같이 경험할 수는 없습니다. 그러나 우리를 거듭나게 한 그 능력이 어디에서 왔는지는 알 수 있습니다. 성경은 생생한 경험뿐 아니라 진리의 교훈을 받는 마음도 강조합니다.

하나님은 당신이 성령님을 의지할 수 있도록 은혜를 베푸십니다. 그때 당신은 무지와 어리석은 지식에서 벗어나 그분을 의지하게 될 것입니다.

당신은 경험이 아닌 은혜로 영적 깨달음을 얻고 있습니까? 은혜는 당신의 무지를 어떻게 바꾸어 놓았습니까?

오직 주의 제자로

한 영혼이 거듭나서 하나님 나라에 들어갈 때 하나님은 기뻐하십니다. 만일 하나님께서 그 영혼을 당신께로 인도하신다면 당신은 무엇을 해야 합니까? 바로 제자 삼아야 합니다. 그때 그를 당신의 관점을 따르는 개종자로 만들어서는 안 되며 오직 주의 제자로 만들어야 합니다. 그리고 제자 삼는 유일한 방법은, 예수님이 당신에게 명령하신 그대로 가르치는 것입니다.

그리스도의 생명은 우리를 통해 역사합니다. 이러한 역사는 우리가 순종할 때 일어납니다. 많은 사람들이 하나님의 구원하심에 대해 감격하고 흥분합니다. 그런데 하나님이 우리에게 순종을 기대하신다는 것은 쉽게 망각합니다.

당신은 아무런 순종 없이 구원의 감동과 흥분만으로 살아가고 있지는 않습니까?

완벽한 균형

은혜로 시작된 믿음의 삶에는 항상 절제가 있습니다. 하나님은 우리가 맹신하는 것에서 이끌어 내어 빛으로 인도하십니다. 그러나 이때 자기 맹신을 고집하면 균형 잃은 광신자가 되고 맙니다. 빛 가운데 걷는 것은 반드시 필요한 과정입니다. 그러나 먼저 예수님의 빛 가운데 거하는 성숙의 단계로 나아가야 합니다. 그 단계에서 우리는 더 웅장하고 순결한 빛 가운데 거하는 삶을 살게 될 것입니다.

자신뿐 아니라 다른 사람들이 '주님의 빛'과 '자신의 빛' 사이에서 갈팡질팡하는 것을 허용하십시오. 처음에는 불안정해 보이지만 주님의 빛 가운데 반드시 서게 될 것입니다. 이것은 성령님이 하나님의 은혜를 우리에게 부어 주실 때 나타나는 과정 중 하나입니다.

당신은 예수님과 동행하며 빛 가운데서 살아갑니까, 아니면 아직도 당신의 확신을 붙들고 살아갑니까? 당신은 은혜와 진리의 완벽한 균형에 더욱 가까워지고 있습니까?

❝ 말씀이 육신이 되어 우리 가운데 거하시매 우리가 그의 영광을 보니 아버지의 독생자의 영광이요 은혜와 진리가 충만하더라. 요 1:14

The Word became flesh and made his dwelling among us. We have seen his glory, the glory of the One and Only, who came from the Father, full of grace and truth. **❞**

은혜와 진리는 동반자입니다.
오늘날 은혜와 진리가 서로 양분되는 것처럼 보일지라도
속지 마십시오. 그리스도 안에서 은혜와 진리는 조화를 이루며
이는 우리 역시 은혜로우며 진실할 수 있다는 의미입니다.

… 2부

진리, 하나님의 완벽한 실체

Truth, God's Perfect Reality

진리를 호소하는 사역자

하나님이 귀히 여기시는 것은, 우리가 그분을 위해 행한 일이 아니라 그분이 우리 안에 이루신 일입니다. 사실 우리는 두려워할 것도, 정복할 것도 없습니다. 그 이유는 주님이 이미 모두 이루어 놓으셨기 때문입니다. 또한 그분으로 인해 넉넉히 승리할 수 있기 때문입니다. 즉, 하나님이 우리를 귀히 여기시는 이유는 우리를 위해 모든 것을 이루셨기 때문입니다. 요한계시록에 언급된 '이김'은 개인적인 곤경을 이긴다는 의미가 아니라, 주님 안에 굳건히 서 있음으로 인해 우리 안에 계신 하나님의 생명이 이기는 것을 의미합니다.

※※※※

오늘날 우리에게 절실한 것은 새로운 복음이 아닌 우리의 근본적인 문제를 다룰 수 있는, 즉 하나님의 아들의 복음(the Gospel of the Son of God)을 담대히 선포하는 일꾼입니다. 지금 이 시대에 필요한 사람은 하나님의 말씀에 흠뻑 젖어 진리를 호소할 수 있는 사역자들입니다.

당신은 더 많은 시간과 관심을 자신의 일에 둡니까, 아니면 당신 안에 역사하시는 하나님께 둡니까?

뿌리를 해결하십시오

하나님은 자비하시고 친절하십니다. 만약 누군가가 이렇게 좋으신 하나님을 만나지 못했다면, 그에게 복음을 가리는 문제들이 있기 때문입니다. 이 문제는 감상적으로 해결할 수 없습니다. 우리는 언제나 문제의 뿌리를 그 즉시 다루어야 합니다. 복음은 사람들에게 엄청난 갈급함을 일으키기도 하지만 동시에 엄청난 분개를 일으키기도 합니다. 안타깝게도 하나님께 복을 구하는 사람들은 그들의 마음을 드러내어 부끄럽게 만드는 복음의 메시지를 견디지 못합니다.

✤✤✤✤

당신이 누구인지 결코 잊지 마십시오. 과거에 당신이 어떠한 사람이었으며 하나님의 은혜로 어떻게 변화되었는지를 잊지 마십시오. 그리고 삶 속에서 하나님의 진리로 깨닫게 된 것들을 실천하십시오. 그러면 하나님께서 당신을 통해 그 진리를 다른 사람들에게 전하실 것입니다.

당신은 다른 사람들 앞에서, 하나님 앞에서 정직합니까? 당신은 어떤 면에서 현실을 부정하며 진리를 바꾸려고 합니까?

진리만을 전하는 사역자

진리를 전하는 일에 집중하십시오. 설교자는 웅변가나 달변가를 꿈꿔서는 안 됩니다. 웅변가는 청중의 마음에 새로운 관심을 불러일으키고 선동합니다. 그러나 복음을 진실하게 전하는 설교자는, 회중이 끝까지 순종하지 않으려고 버티는 것을 하도록 해야 합니다.

우리는 우리의 경험이 아니라 진리이신 예수 그리스도를 전하기 위해 부름 받았습니다. 사역자가 사람의 관심의 대상이 되려고 한다면, 그는 이미 주님으로부터 멀어진 것입니다.

당신이 설교하는 내용은 자신의 의견입니까, 아니면 복음입니까? 당신이 보호하는 것은 당신의 명예입니까, 아니면 하나님의 명예입니까?

진리에 대한 분별력

하나님과의 만남의 깊이는 감정이나 느낌, 특별한 때나 장소와 관련된 것이 아닙니다. 그분과 얼마나 깊은 시간을 보냈는지에 달려 있습니다. 당신의 영적 삶을 방해하는 그 어떤 것도 허락하지 마십시오. 주님과의 사귐과 어울리지 않는 말도 삼가십시오. 또한 바르게 살지 못하면서 바른 말만 하는 자리에도 가지 마십시오. 그렇지 않으면 위선자로 보이게 될 것입니다. 아마도 당신은 지금보다 몇 개월 전, 또는 몇 년 전에 훨씬 더 많은 말을 했을 것입니다. 그러나 지금은 어떻습니까? 성령님이 말씀하시는 것만을 말하기 위해 조심하고 있지는 않습니까? 이는 당신이 많은 어려움 속에서 가장 높은 곳에 계신 그분을 만나는 비밀 장소를 찾아냈기 때문입니다.

❉ ❉ ❉ ❉

어떠한 진리는 내가 아직 그것을 감당할 수 없어서 깨닫지 못하기도 합니다. 진리에 대한 분별력은 영적 성장과 비례한다는 사실을 잊지 마십시오.

당신은 얼마나 자주 하나님께 집중합니까? 입으로는 진리를 말하면서 진리와 상관없는 삶을 살아가고 있지는 않습니까?

말씀으로 영혼을 채우십시오

하나님을 온전히 섬기려면 성경에 깊이 빠져야 합니다. 어떤 사람들은 성경의 한 부분만을 알려고 하지만 사역자는 모두 알아야 합니다. 하나님은 성경을 통해 그분의 음성을 들려주길 원하시기 때문입니다. 설교를 준비하기 위한 목적으로 성경을 읽지 마십시오. 먼저 자신의 영혼을 말씀으로 채우십시오. 계속 배우는 자가 되십시오. 지름길로 달려가거나 성급하게 깨달으려 하지 말고, 당면한 인생의 문제 앞에서 성경이 진리를 보여 줄 때까지 계속 말씀을 붙들고 연구하십시오.

회중의 비위를 맞추려고 복음을 희석시키거나 축소시키지 마십시오. 더하거나 감하지 말고 복음을 있는 그대로 과감하게 전하십시오. 하나님이 진리의 복음을 친히 보호하실 것입니다.

당신은 성경으로 당신의 영혼을 채웁니까, 아니면 단지 지식만 채웁니까? 성경의 진리가 와 닿지 않아도 그것을 받아들이고자 합니까?

사역자인가 진리인가?

인간의 개성이 종종 복음을 가릴 때가 있습니다. 성도들이 사역자의 개성에 끌릴 때 그렇습니다. 그것이 아주 강해 그 힘에 빨려 들어가는 것입니다. 물론 하나님은 그것을 사용하셔서 무시되었던 진리를 강조하기도 하십니다. 사역자가 어떠한 개성을 가졌든 간에 그들은 구원의 지식을 전달하기 위한 도구일 뿐입니다. "그는 흥하여야 하겠고 나는 쇠하여야 하리라"(요 3:30). 이것이 복음을 전하는 사역자의 유일한 기준이어야 합니다. 사역자를 만드는 것은 그의 개성이 아니라 오직 선포되는 복음의 메시지입니다.

※※※※※

예수님은 제자들에게 그들을 반대하는 세력을 만나게 될 뿐 아니라, 정부마저도 그들을 대적하게 될 것이라고 말씀하셨습니다. 이 말씀대로 제자들은 핍박을 받았고 죽음을 당했습니다. 만일 당신이 예수님 앞에 진실하게 서 있다면, 세상은 당신에게 적개심을 드러낼 것입니다. 그리고 틈만 나면 트집을 잡아 당신을 괴롭히고 대적할 것입니다.

당신은 진리보다 사역자에게 더 큰 영향을 받고 있진 않습니까? 당신은 사역자를 얼마만큼 의존합니까?

할 수 있습니다

하나님께 나아가지 못하는 자들의 편에 서서 그들을 변호하지 마십시오. 그저 진리를 제시하십시오. 그러면 성령님이 그들에게 무엇이 잘못되었는지를 보여 주실 것입니다. 우리는 하나님의 사랑의 또 다른 표현인 심판에 대해 반드시 외쳐야 합니다. 어떠한 경우에도 "나는 그것만은 외칠 수 없습니다"라고 말하지 마십시오. 이는 무의식적으로 하는 신성 모독입니다. 만일 자신의 무능함 때문에 복음을 전할 수 없다고 말한다면, 이는 하나님이 미처 고려하지 못하신 부분이 있다고 말하는 것과 같습니다.

❈❈❈❈

만약 "저는 주님이 시키시는 대로 할 수 없습니다"라고 말한다면, 아직 주님 외에 의지할 것이 남아 있다는 의미입니다. 진정한 성도는 "나는 할 수 없습니다"라고 말하지 않습니다. 주님이 맡기시는 일은 원래 우리 스스로 할 수 있는 일이 아닙니다. 하나님은 언제나 우리의 약함을 통해서 그분의 능력을 드러내시기 때문입니다.

당신은 "할 수 없습니다"와 "할 수 있습니다" 중 어떤 말을 더 자주 합니까? "할 수 없습니다"라고 말해서 당신이 얻은 것은 무엇입니까? 그것이 거짓 겸손이나 거짓 안정감은 아닙니까?

주님께 자신을 양도하십시오

오늘날 많은 사람들이 자신의 원칙과 명분에 헌신합니다. 그러나 예수님은 어떤 신조나 명분에 우리 자신을 헌신하라고 부탁하신 적이 없습니다. 예수님은 그분에게 우리 자신을 헌신하라고 부탁하셨습니다. 자신의 권리를 날마다 예수님께 양도하며 살아가는 삶이 곧 자기 십자가를 지고 예수님을 따르는 삶입니다.

신학을 최고의 자리에 두면, 자신의 관점을 합리화시키려고 거짓말하는 위험에 빠지게 됩니다. 당신은 자신의 종교적인 확신에 충성합니까, 아니면 그 확신을 주시는 하나님께 충성합니까? 하나님에 대한 교단의 관점에 충성합니까, 아니면 교단을 도구로 사용하시는 하나님께 충성합니까? 혹시 신학적인 관점 때문에 까다로운 사람이 되지는 않았습니까?

당신에게 그리스도보다 더 중요한 명분이 있습니까? 당신은 그리스도보다 교리나 교단을 더 신뢰하고 있지는 않습니까?

하나님 편에 서십시오

하나님은 한 개인의 편에 서지 않으십니다. 그러므로 "나는 하나님의 편에 서 있는가?"라고 묻는 것이 옳습니다. 욥은 "나는 내가 내린 하나님에 대한 정의가 옳다고 주장하는 게 아닙니다. 하나님은 반드시 옳습니다. 그러나 내가 그분에 대해 가졌던 이전의 해석은 옳지 않았습니다"라고 했습니다. 이러한 자세는 욥이 하나님을 찾는 데 있어 바른 노선에 서게 했습니다. 지금 당신은 진리의 노선에 서 있습니까, 아니면 당신의 주장을 고집하면서 완고하고 편협한 노선에 서 있습니까? 당신의 신앙은 하나님의 계시를 이해하려는 선상에 서 있습니까, 아니면 단지 맹목적인 선상에 서 있습니까?

※※※※※

진실은 걸림돌이 되지 않고, 항상 하나님께 영광이 됩니다. 만일 하나님이 당신을 위해 무언가를 행하셨다면, 당신은 그 사실을 분명히 알 것입니다. 하지만 주께서 행하지 않으셨을 때는, 그것이 아무리 유익이 되는 말일지라도 주께서 당신에게 행하신 것처럼 거짓말해서는 안 됩니다.

당신은 진리에 대한 자신의 해석을 위해 변론합니까, 아니면 하나님이 계시하신 진리를 위해 변론합니까?

진실과 사실

당신은 어떤 원칙이 아닌 오직 하나님만을 믿고 있습니까? 그분이 공의로우시며 진실하신 분이라고 믿고 있습니까? 그런데 많은 그리스도인들이 하나님을 믿기보다는 그분이 자신들을 위해 행하신 일을 믿고 있습니다. 그래서 그들은 자신이 기대한 것과 다른 상황이 벌어지면 "왜 이런 일이 나에게 생겼지? 난 이제 하나님을 믿을 수 없어"라고 말합니다.

✤✤✤✤✤

오늘날 많은 사람들이 "그것이 진실(true)입니까?"라고 묻는 대신 "그것이 사실(real)입니까?"라고 묻습니다. 즉, 참된 것에 대해서는 무관심하고, 더 이상 중요하게도 여기지 않는다는 말입니다. 당신에게 하나님은 참으로 실재이십니까? 당신은 단지 사람들에게 보이려고 종교의 탈을 쓰고 있지는 않습니까?

하나님을 믿는 것과 하나님이 당신을 위해 행하신 일을 믿는 것의 차이는 무엇입니까? 당신은 진실과 사실을 구별할 수 있습니까?

진리는 영적입니다

지식은 마치 진리가 말로 설명될 수 있는 것인 양 "진리란 무엇인가?"라고 묻습니다. 하지만 예수님은 "내가 곧 진리"라고 말씀하셨습니다. 즉, 진리에 닿는 유일한 길은 예수 그리스도 한 분뿐이십니다. 그러므로 예수님을 지식적, 논리적으로 알려고 애쓰는 일은 헛된 것입니다. 그분께 순종할 때 진리의 길이 환하게 보이기 때문입니다.

진리는 지적이지 않고 영적입니다. 즉, 진리는 논리가 아니라 선을 행함으로써 인식됩니다. 세상 사람들은 기독교의 진리를 머리로 이해하려고 애쓰지만, 이는 마치 태어나지도 않은 사람이 어떻게 살아가야 할지 고민하는 것과 같습니다. 우리는 이러한 모순을 잘 알고 있습니다. 하지만 안타깝게도 여전히 많은 사람들이 거듭나려 하기보다 논리적으로 따지려고 합니다.

당신은 머릿속에 있는 어떠한 개념을 진리라고 믿지는 않습니까? 예수님은 '진리'가 무엇이라고 말씀하셨습니까?

하나님의 성품과 권위

예수 그리스도와 상충되는 모든 것은 하나님께로부터 온 것이 아닙니다. 우리는 하나님의 성품이 고상하고 참되다는 것을 압니다. 하나님으로부터 나오는 권위 역시 독재적이거나 눈먼 것이 아닙니다. 그분의 권위는 우리 안에 있는 모든 선한 것이 그분의 가치를 인식하여 순복하게 만듭니다.

※ ※ ※ ※ ※

우리가 기독교의 참된 바탕이 무엇인지 고민하기 싫어하는 이유는, 이미 복음주의 기독교가 구차한 것으로 인식되었기 때문입니다. 참된 것에 선 욥은 그가 이해할 수 없는 크고 놀라운 것들에 대해 고백했습니다. 이것이 바로 하나님이 자신과 바른 관계를 맺고 있는 자들을 사용하시는 방법입니다. 하나님은 우리의 평범한 삶을 통해 자신의 임재를 나타내십니다.

당신의 믿음은 언제 흔들립니까? 하나님의 성품은 당신에게 어떻게 계시됩니까? 혹 그분의 성품을 생각하기 싫은 적은 없었습니까?

예수님의 생명

예수님의 삶을 그대로 경험하려면 거듭나야 합니다. 그때 우리는, 진리가 신조나 논리에 있지 않고 예수님의 생명에 있음을 발견하게 될 것입니다. 기독교의 핵심은 내가 믿는 것을 말하고 양심적으로 행하며 원칙을 고수하는 것이 아닙니다. 기독교는 이것들을 모두 초월합니다. 기독교의 핵심은 인격체이신 예수 그리스도께 완벽하게 순종하는 데 있습니다.

성도에게 추상적인 진리란 없습니다. 만약 당신이 진리를 말했다면, 그 진리 그대로 살아가십시오. 그렇지 않다면 하나님에 대해 거짓말하는 것입니다.

당신은 당신이 믿는 진리대로 살아가고 있습니까? 참 진리는 무엇입니까? 당신의 삶은 하나님의 진리를 증거하고 있습니까?

오직 십자가 기준으로

기독교는 양심이나 신념의 종교가 아닙니다. 예수 그리스도께 항상 진실한 종교입니다. 예수님과 인격적인 관계를 맺으면, 당신의 신념은 산산조각 나게 될 것입니다. 그러나 당신이 끝까지 자기 신념을 고집한다면, 그분을 대적하게 될 것입니다. 모든 인류의 양심은 십자가를 기준으로 삼습니다. 당신의 양심을, 십자가를 기준으로 삼고 바르게 수정하지 않는다면, 결국 하나님을 비난하게 될 것입니다. 기독교의 표준은 무엇이 옳고 그른가를 가리기 위해 존재하는 것이 아닙니다. 내가 그리스도의 십자가의 보혈과 고난, 그리고 그 고통과 관련 있는가 없는가를 구별하는 것입니다.

✻✻✻✻✻

하나님은 인격적이시며 선하십니다. 이것을 바탕으로 하나님에 대한 당신의 모든 신념을 점검하십시오. 그것들이 하나님의 선하심과 완전하심, 참되심을 나타내고 있습니까?

당신의 믿음은 그리스도로부터 온 것입니까, 아니면 양심으로부터 온 것입니까?

하나님과의 바른 관계

요즘 죄에 대한 사람들의 말을 유심히 들어보면, 그것에 매우 동조하는 것을 발견하고 놀라게 됩니다. 이 시대의 문제는, 마음은 하나님과 바른 관계에 있더라도 머리는 성경의 가르침과 정반대로 가는데 친숙해져 있다는 것입니다. 우리는 마음의 거듭남뿐 아니라 지식의 거듭남을 경험해야 합니다.

어떻게 하나님과 바른 관계를 맺을 수 있습니까? 그것은 성령님을 통해서만 가능합니다. 그분은 하나님의 은혜가 어떻게 역사하는지 이해할 수 있도록 우리를 인도하시며 진리 가운데로 이끄십니다.

당신의 믿음은 그리스도를 바탕으로 하고 있습니까, 아니면 경험을 바탕으로 하고 있습니까?

오직 성령님

과학이나 상식 등은 우리 스스로 배울 수 있습니다. 그러나 진리이신 예수님을 아는 지식은 오직 성령님의 인도하심을 받아야 알 수 있습니다. "진리의 성령이 오시면 그가 너희를 모든 진리 가운데로 인도하시리니"(요 16:13). 우리는 성령님을 통해 그리스도와 연합하고 그분을 증거하는 삶을 살 수 있습니다.

❦❦❦❦

지옥은 타락한 천사들을 위한 장소로, 처음에는 인간과 전혀 상관없는 곳이었습니다. 성경은 예수님을 거절한 인간이 지옥에 간다고 말하지만, 지옥이 원래 인간을 위해 만들어진 곳이라고는 말하지 않습니다. 지옥은 타락한 천사들에게 내린 심판이 행해지는 곳으로 그들의 존재처럼 영원합니다.

당신은 성령님의 인도하심으로 진리를 깨닫고 있습니까? 또한 그분의 인도하심을 구하며 살아가고 있습니까?

자아의 참 중심

"나로 말미암아 너희를 욕하고 박해하고 거짓으로 너희를 거슬러 모든 악한 말을 할 때에는 너희에게 복이 있나니 기뻐하고 즐거워하라…"(마 5:11-12). 이것은 다른 것이 아닌 그리스도로 말미암아 당하는 박해를 뜻합니다. 이때 우리는 박해를 당할지라도 더 높은 신앙의 차원으로 옮겨지게 됩니다.

※※※※※

오직 하나님을 향한 완벽한 사랑만이 당신 자아의 중심이 되게 하십시오. 만약 당신의 자아가 중심을 잡지 못한다면 거만해지거나 굽실거리게 될 것입니다. 이는 둘 다 잘못된 것이며 반드시 고쳐져야 합니다. 오직 예수 그리스도만이 당신 자아의 참 중심이 되게 하십시오.

당신은 예수님으로 말미암아 세상에서 따돌림 당하고 있습니까? 당신의 자아의 중심에는 무엇이 자리하고 있습니까?

양심의 소리

예수님은 온갖 모욕과 비방, 악행을 당하셨지만 하나님 아버지의 뜻에 절대적으로 헌신하셨습니다. 우리는 그리스도를 인생의 중심으로 삼을 때 "그리스도의 남은 고난을 그의 몸 된 교회를 위하여 내 육체에 채우노라"(골 1:24)는 말씀의 뜻을 비로소 이해하게 될 것입니다. 자기 연민에 빠져 있을 때는 결코 예수님을 만날 수 없습니다. 우리의 섬김 역시 자기 연민이 아닌 하나님을 향한 인격적이고 열정적인 사랑에서 나와야 합니다.

✤✤✤✤✤

양심의 소리가 하나님의 음성이라고 말하는 것은 옳지 않습니다. 양심의 가책은 각 종교마다 정의가 다르며, 비종교인들도 양심에 따라 살아가기 때문입니다.

당신은 당신 삶이 그리스도 중심임을 어떻게 알 수 있습니까? 왜 자신의 양심을 의존하는 것이 지혜롭지 않은 것입니까?

섬김의 동기

만일 당신이 누군가를 진실하게 섬긴다면, 그들로부터 엄청난 배신과 위선, 불친절 등을 경험하게 될 것입니다. 그런데 그 섬김의 동기가 동정이라면 당신의 사랑은 곧 고갈될 것이고, 그 동기가 하나님을 향한 사랑이라면 사탄이든 천사든 사람들의 어떠한 행동이든 간에 당신의 섬김을 막을 수 없을 것입니다. 우리는 동정이 아닌 하나님을 향한 사랑으로 내 이웃을 내 몸처럼 사랑해야 합니다.

❊ ❊ ❊ ❊

하나님과 바른 관계에 있다면, 당신에게 성경 말씀은 생명이 될 것입니다. 영적 진리는 예리한 지성이 아닌 청결한 마음으로 깨달아지는 것입니다. 진리를 아는 것은 지성의 문제가 아니라 성결의 문제이기 때문입니다.

타인을 향한 당신의 사랑은 어디에서 오는 것입니까? 당신은 당신의 의지로 사랑합니까, 아니면 하나님을 향한 사랑으로 사랑합니까?

> **"** 그는 흥하여야 하겠고 나는 쇠하여야 하리라. 요 3:30
>
> He must become greater;
> I must become less. **"**

그리스도의 종을 종답게 만드는 것은 그의 개성이 아니라
오직 선포되는 복음의 메시지입니다.
당신은 더욱, 더욱 쇠하여지기를 갈망하십시오.

자기주장이 없는 인생

예수님은 자신에 대해 분명히 아셨지만 결코 자기주장을 하지 않으셨습니다. 이는 예수님이 하나님과 동등 됨을 취하지 않으셨음을 의미합니다. 그런 예수님이 이 땅에서 찬란히 빛나셨던 때가 한 번 있었는데 바로 변화산 상에서입니다. 우리는 예수님이 창세 전에 어떤 영광을 누리셨는지 알지 못합니다. 그러나 변화산에서의 예수님을 뵈면, 그분이 무엇을 버리고 이 땅에 오셨는지 확실히 알 수 있습니다.

※※※※※

예수님은 이 땅에서 참된 겸손을 보이셨습니다. 영광 중에 계실 때의 마음을 내려놓고 철저하게 자신을 비우셨습니다. 이처럼 당신도 그리스도의 마음을 가져야 합니다.

왜 당신이 다른 사람보다 우월하거나 열등하다고 생각합니까? 매순간 자신을 비우고 겸손해지기 위해 싸우고 있습니까?

온전한 진리

사고의 바탕을 주님이 아닌 세상의 원칙에 두면 결국 그릇된 길로 빠지게 됩니다. 우리 앞에 두어야 할 가장 중요한 진리는 예수 그리스도이십니다. 예수님만이 진리이십니다. 온전한 진리를 경험해야 부분적인 진리에 빠지는 오류를 범하지 않을 수 있습니다. 진리의 한 줄기 빛만 보고 그 진리가 전부라고 오해하지 마십시오. 그러나 그 빛을 따라가면 온전한 진리 그 자체이신 예수 그리스도에게 이르게 될 것입니다.

예수님보다 눈에 보이는 구속의 능력만 전한다면, 듣는 자들은 거듭나지 못하고 세련된 영적 문화만 접하게 될 것입니다. 성령님은 결코 그러한 전도를 돕지 않으십니다. 당신은 하나님과 보조를 맞춰 나아가야 합니다. 오직 예수님만 전하십시오. 그러면 듣는 자들의 영혼 속에 오직 그분만이 행하실 수 있는 창조의 역사가 일어날 것입니다.

진리의 한 부분만 과장하거나 축소하고 있지는 않습니까? 어떻게 하면 온전한 진리에 이를 수 있습니까?

하나님에 대한 정의

세상적인 방법으로 하나님을 정의하려는 시도는 세월을 낭비하는 허무한 일일 뿐입니다. 반면, 성경 말씀에 따라 하나님을 알고자 하면 꺼지지 않는 영광에 둘러싸인 기념탑처럼 영원히 서게 될 것입니다. "하나님은 거룩하시고 빛이시고 사랑이시다." 성경에 나타난 하나님에 대한 정의 외에 다른 모든 정의는 살아 계신 하나님을 부인합니다. 즉, 신에 대한 인간적인 개념에 사로잡혀 살아 계신 하나님을 보지 못하게 합니다.

✤ ✤ ✤ ✤ ✤

자신에게 맞는 말씀만 찾아 인도받으려는 것은, 내 변덕과 기호를 따르는 것이지 결코 하나님의 인도하심을 받으려는 태도가 아닙니다. 오직 진리 가운데로 인도하시는 성령님만 의지하십시오.

당신은 하나님에 대한 정의를 어떻게 내릴 수 있습니까? 왜 당신은 전능하신 하나님을 자신 안에 끼워 맞추려고 합니까?

아버지의 방식대로

하나님은 살아 계신 분입니다. 이 진리를 붙들기 전까지 우리는 수수께끼 같은 인생의 문제들을 해결해나갈 수 없습니다. 하지만 하나님의 인도하심과 훈련을 통해 그분과 동행하면 안식을 얻게 됩니다. 그것은 명상할 때 느끼는 정체된 안식이 아니라, 역동적인 삶 속에 나타나는 완벽한 안식입니다.

예수님은 사람의 필요가 아닌 하나님 아버지의 뜻에 따라 순종하셨습니다. 그리스도의 마음을 지닌 우리도 예수님처럼 이렇게 고백해야 합니다. "나는 내 방식이 아닌 아버지의 방식대로, 그분의 뜻을 이루기 위해 이 땅에 왔다."

당신은 세상의 방식으로 안식합니까, 아니면 하나님 안에서 안식을 누립니까? 모든 일이 내 방식이 아닌 하나님의 방식으로 이뤄질 때 왜 더 평안하고 안전합니까?

진리는 원칙이 아닙니다

진리는 어떤 체계, 헌법, 교리가 아니라 오직 예수 그리스도이십니다. 그런데 우리는 진리를 논리적인 진술로, 하나의 원칙으로 만들려는 경향이 강합니다. 하지만 기독교에는 원칙이 없습니다. 기독교는 성도들이 삶 속에서 진리이신 예수님을 인격적으로 의식하는 것입니다. 영적 혼동은 주님의 말씀으로부터 어떤 기준을 만들어 놓고, 그 기준대로 살려고 할 때 나타납니다.

✹✹✹✹✹

당신은 예수님이 진리를 선포하시는 분이 아니라 진리 그 자체이심을 믿습니까? 예수님이 복음전도자가 아닌 복음 그 자체이심을 믿습니까? 그렇다면 유일한 진리이신 예수 그리스도를 세상 가운데 드러내십시오.

그리스도 안에 거하는 삶은 원칙에 따라 사는 당신의 삶을 어떻게 자유롭게 합니까?

하나님의 채찍

진노는 죄를 미워하시는 하나님의 속성을 표현합니다. 오늘날 문명은 번지르르한 포장으로 하나님의 진노를 가리고, 사람들은 그 문명의 보호를 받으면서 점점 그분과 멀어지고 있습니다. 그러나 환란이 오면 그 무엇도 그들을 보호해줄 수 없습니다. 하나님을 떠나 다른 것에서 참된 삶을 찾는 사람들은 결국 아무것도 얻지 못할 것입니다.

※※※※※

누군가가 하나님께 채찍을 맞을 때 그것을 막지 마십시오. 그 채찍은 맞을 만한 것이기 때문입니다. 만일 당신이 사역자라면 이렇게 말하지 마십시오. "그렇게 후회할 필요 없습니다. 어쩔 수 없는 일이었잖아요." 이런 동정은 하나님께 반역하는 것을 돕는 것입니다.

하나님을 떠난 사람들이 어떤 혼란을 겪는지 본 적 있습니까? 당신이 그들을 위해 해줄 수 있는 일은 무엇입니까?

제자의 증거

진리는 만드는 것이 아니라 받아들이는 것입니다. 진리를 주시는 분(The Giver)은 하나님이시며 그분이 주시는 모든 선물은 우리에 대한 그분의 지식에 근거합니다. 그러므로 우리는 언제나 그분으로부터 받는 자세를 취해야 합니다. 그리고 그분께 받기 위해서는 겸손해야 합니다. 이를 위해서는 많은 노력이 필요한데, 그 이유는 늘 자기 힘으로 무언가를 얻고 싶어 하기 때문입니다. 주님께 공급받는다는 것은 곧 주님의 제자가 되었다는 증거이기도 합니다. 반면, 논리적으로 따지겠다는 것은 하나님을 가르치겠다는 심보입니다.

※※※※※

하나님이 십자가에서 내리신 판결은 부패한 세상을 향한 것이 아니었습니다. 그보다 훨씬 더 깊고 어두운 곳에 놓인 당신의 죄를 향한 것이었습니다.

당신은 하나님이 주시는 선물을 자신의 힘으로 얻으려고 애쓰고 있지는 않습니까? 하나님의 선물을 받기 위해 당신이 취해야 할 태도는 무엇입니까?

성령의 탄식

'실체'이신 하나님과 관계를 유지하는 비결은 중보기도입니다. 이것은 하나님의 마음에 따라 움직이기를 간절히 바라는 것으로써 성도라면 반드시 해야 합니다. 그러나 우리는 충성스러운 일꾼이 된다는 명목 아래, 중보기도를 드릴 시간조차 마련하지 못하는 오류를 범하고 있습니다. 즉, 일은 많이 하면서 정작 기도는 하지 않고 있습니다.

※※※※※

하나님이 느끼게 하시는 고통 이상의 더 큰 고통을 취하려 하지 마십시오. 만일 하나님이 허락하신 것보다 더 많이 알게 되면 당신은 기도할 수 없게 됩니다. 그 상황에 빠진 나머지 '실체'에 닿지 못하기 때문입니다. 그러나 참된 중보기도자는 다음 말씀을 깨달은 자입니다. "이와 같이 성령도 우리의 연약함을 도우시나니 우리는 마땅히 기도할 바를 알지 못하나 오직 성령이 말할 수 없는 탄식으로 우리를 위하여 친히 간구하시느니라"(롬 8:26).

당신은 하나님의 일을 위해 바쁘다는 핑계로 기도를 쉬고 있지는 않습니까? 당신은 하나님을 의지하여 중보기도를 드리고 있습니까?

거듭난 새 성향

하나님은 그분의 질서에서 벗어난 우리를 원상태로 회복시켜 주셨습니다. 아니, 예수님을 통해 훨씬 더 나은 위치로 회복시켜 주셨습니다. 그래서 우리는 하나님의 "아들의 형상을 본받게"(롬 8:29) 되었습니다. 우리는 겉으로 드러나는 것을 보지만, 하나님은 우리 안에 거듭난 새 성향을 보십니다. 그분은 우리의 외적 경건과 겉모습에 속지 않으시기 때문에 우리가 거듭났는지 아닌지를 분명하게 아십니다.

✤✤✤✤✤

거듭나면, 성령님이 당신의 영을 소성시키셔서 하나님의 기쁘신 뜻을 위하여 당신에게 소원을 두고 행하게 하십니다(빌 2:13).

당신은 예수님의 형상을 본받고 있습니까? 하나님은 당신을 통해 그분의 기쁘신 뜻을 어떻게 이뤄가고 계십니까?

진리는 인격입니다

그리스도인의 삶은 교리를 믿음으로써 시작되는 것이 아닙니다. 교리를 신봉하는 사람은 "당신은 교리를 믿어야 합니다"라고 말하지만, 예수님은 "너 자신을 내게 맡기라"고 말씀하십니다. 진리는 어떤 특별한 교리나 진술에 있지 않습니다. 그것은 인격입니다. 예수님은 "내가 곧 … 진리요"(요 14:6)라고 말씀하셨습니다. "그리스도인이 되려면 어떤 교리를 믿어야 한다"고 정의하지 마십시오. 우리가 교리를 믿는 것은 그리스도인이 된 결과일 뿐, 그리스도인이 되기 위한 필요조건이 될 수는 없습니다.

당신의 눈이 예수 그리스도의 위엄을 바라보는 데서 벗어나면, 그 즉시 여러 교리에 휩쓸리게 됩니다. 그러다가 큰 사건이 터지면 그렇게 믿던 교리가 아무것도 아님을 발견하게 될 것입니다.

회심하기 전에 교리신앙을 가질 수 없는 이유는 무엇입니까? 교리를 앞세우는 거짓에 휩쓸리지 않으려면 어떻게 해야 합니까?

영적 통찰력

아무리 유명한 하나님의 종이라 해도 그가 하는 말을 무조건 믿지 마십시오. 언제나 성령님의 인도하심을 살피십시오. 성령님은 언제나 진실하십니다. 누군가의 메시지가 조금이라도 부족해 보인다면 그 말을 받아들이지 말고 기다리십시오. 옳은 말의 특징은 자연스럽고 따뜻하며 건전합니다. 광적이거나 특이하지 않습니다. 심정을 꼬이게 하지 않습니다.

❋❋❋❋❋

당신은 설교자가 하나님의 진리를 가르치고 있는지 아닌지 어떻게 압니까? 오직 영적 통찰력으로 분별할 수 있습니다. 다시 한 번 강조하지만, 아무리 능력 있는 종이라 해도 그의 말을 무조건 믿지 마십시오. 사람은 언제든지 하나님으로부터 벗어날 수 있습니다.

진리를 복잡하게 만드는 것은 어떤 위험이 있습니까? 진리를 해석하는 데 있어서 전문가를 의지할 경우, 어떤 위험이 있습니까?

성령님께 굴복하십시오

성령님께 순종하고 빛 가운데 거할 때, 기름 부음이 내 안에 거하게 됩니다. 성령님께 철저히 굴복하십시오. 성령님께 충실하면, 그분이 모든 상처를 어루만져 주시고 생각과 마음을 지켜 주실 것입니다. 당신 삶 가운데 성령님이 어떻게 역사하시는지 주목하십시오. 성령님은 대원칙에서 시작해 아주 사소한 것까지 가르쳐 주실 것입니다.

※※※※※

우리는 성경 말씀을 쉽게 오해합니다. 그러나 오해하지 않을 수 있는 유일한 방법은, 성령님이 우리를 진리 가운데로 인도하시는 것입니다.

당신은 말씀의 세세한 부분까지 깨닫는 성숙한 신앙인입니까, 아니면 아직도 말씀의 초보자입니까?

예수님께 충성

진리에 흠뻑 젖어 있을 때, 하나님이 당신에게 어떤 사람들을 이끌고 오시는지 주의하여 보십시오. 아마도 그들은 거룩한 옷을 입은 성자가 아니라 매우 평범한 사람들일 것입니다. 당신은 하나님이 그들을 위해 특별한 상황을 조성해주셔야 한다고 생각하지만, 그분은 절대로 그렇게 하지 않으십니다. 그들이 교만해질 수 있기 때문입니다. 오히려 하나님은 사람의 관점으로 볼 때 부끄러운 상황으로 인도하십니다.

※ ※ ※ ※ ※

예수 그리스도께 충성하기보다 자기 확신에 충성하기가 훨씬 쉽습니다. 예수님께 충성하려면 내 확신이 변해야 합니다. 당신이 예수님에 대한 모든 성경 말씀을 받아들인다면, 그분이 진리이심을 믿을 수밖에 없을 것입니다.

하나님은 어떤 사람들을 당신에게 붙여 주셨습니까? 그리고 그들을 통해 무엇을 가르치고 계십니까? 당신이 꺾지 않는 확신과 주장은 무엇이며 그것은 무엇을 위해서입니까?

진리를 듣는 마음자세

누군가가 "나는 믿을 수 없어"라고 말할 때, 그의 불신을 책망하지 마십시오. 대신 그가 무엇을 믿는지 물어본 후, 그 지점부터 대화를 다시 시작하십시오. 불신앙은 죄에서 비롯되지만 기질로 인해 생길 때도 종종 있기 때문입니다. 누군가는 훌륭한 인격의 소유자를 믿습니다. 그렇다면 예수 그리스도의 아름다운 성품을 전한 뒤, 진리를 전하십시오. 이때 누가복음 11장 13절, 요한복음 3장 16절 말씀을 함께 전하면 좋습니다. 모두 전했다면 이제 그가 그 말씀을 잠잠히 묵상하도록 하십시오.

✤✤✤✤✤

하나님은 그분의 진리를 우리 귀에 천둥처럼 울려 주지 않으십니다. 그러므로 진리를 받아들이려는 마음자세가 중요합니다. 그 이유는 저마다 다른 편견과 선입견을 가지고 있기 때문입니다. 이것들은 진리를 받아들이는데 큰 방해가 됩니다.

당신은 진리를 전할 때, 당장 '모든 것'을 믿어야 한다고 주장합니까, 아니면 그가 믿는 것에서부터 대화를 시작합니까? 하나님이 당신의 편견을 꼬집으실 때 당신은 겸손히 듣습니까?

경험과 진리의 실체

어떤 특별한 진리가 연속적으로 경험될 때, 우리는 진리의 존재를 의식하게 됩니다. 모든 실체의 기원은 우리 존재의 외부에 있습니다. 따라서 우리가 실체를 의식할 때는 실체가 우리 안에 들어와 거할 때입니다. 하지만 그때 우리는 진리의 실체와 자신의 경험을 혼동해서는 안 됩니다.

✽✽✽✽✽

성령님의 조명하심 아래 성경 전체를 이해해야 하는 이유는, 전능하신 하나님의 구속이 우리를 어떤 위치에 있게 했는지 깨닫기 위함입니다. 우리가 실체와 접하면 그 즉시 계시를 바탕으로 사고하게 됩니다. 그리고 그 실체와 관계를 유지하면 말씀으로부터 끊임없이 흘러나오는 새로운 계시를 발견하게 됩니다.

당신은 경험과 진리의 실체를 혼동한 적 있습니까? 지금 하나님이 당신에게 깨닫게 하시는 계시는 무엇입니까?

과학과 하나님의 계시

과학, 예술, 역사 등 각 영역의 지식들은 계속 변하고 확장되어가야 합니다. 그러기 위해 우리는 부지런히 연구하고 배워야 합니다. 그런데 진리와 과학이 무슨 관계가 있습니까? 이때 당신이 물어야 할 질문은 "성경은 현대 과학과 일치하는가?"가 아니라 "현대 과학의 발견이 성경에 계시된 내용들을 이해하는데 어떤 도움을 주는가?"입니다.

하나님의 동역자가 된다는 것은 일상의 삶과 무관하게 살라는 요청이 아닙니다. 하나님은 변함없으시며 진리 또한 그렇습니다. 오직 달라지는 것은 우리가 직면하는 문제입니다.

과학은 어떤 면에서 하나님의 계시를 이해하도록 돕습니까? 과학과 성경은 모든 피조물을 향한 하나님의 계획을 계시하기 위해 어떻게 상호적으로 돕습니까?

진리와 연합

하나님은 그분의 마지막 계시를 예수 그리스도를 통해 주셨습니다. 예수 그리스도는 진리인 동시에 하나님의 이상입니다. 그러므로 "그리스도 안에 거한다"는 말은 중생과 거룩을 통해 하나님의 이상이 우리 삶에 실제 사건으로 나타난다는 뜻입니다. 그때 우리는 우리의 죽을 육체 안에 예수의 생명이 거함을 알 수 있습니다. 우리의 이상은 우리가 진화해서 이룰 수 있는 막연한 목표가 아닙니다. 진리와 연합되었다면, 이제 당신은 모든 면에서 그리스도의 분량까지 자라야 합니다.

진리는 우리 예수님이십니다. 진리의 영이신 성령님은 우리를 거룩하게 하셔서 진리 가운데로 인도하십니다.

당신은 어떻게 예수의 생명과 연합되었습니까? 그리고 성령님은 어떻게 당신을 진리 가운데로 인도하십니까?

성품도 진리에 속합니다

이성으로는 진리를 완벽하게 알지만 그것과는 동떨어진 삶을 살 때 위험이 따릅니다. 당신은 교리를 완벽하게 아는 사람이 그와는 정반대의 삶을 사는 것을 본 적 있습니까? 진리에 속한다는 것은, 삶과 동시에 성품도 진리에 속하는 것을 의미합니다.

❋❋❋❋❋

예수님의 말씀은 어렵지 않아 평범한 사람들도 그분의 말씀을 즐겁게 들었습니다. 그런데 이것을 기억하십시오. 예수님과 동행했던 제자들마저도 예수님이 부활하시고 성령님이 오실 때까지 그분에 대해 전혀 알지 못했습니다. 진리에 속하기 위해서는 청결한 마음이 필수조건입니다. "마음이 청결한 자는 복이 있나니 그들이 하나님을 볼 것임이요"(마 5:8).

당신의 성품은 예수님과 일치합니까? 당신은 진리에 속해 있다고 말하면서 두 마음을 품고 있지는 않습니까?

❝ 내가 곧 길이요 진리요 생명이니
나로 말미암지 않고는 아버지께로
올 자가 없느니라. 요 14:6

I am the way and the truth and the life.
No one comes to the Father except through me. **❞**

지식적인 진리는 진리이신 예수님과의 관계로
반드시 이어져야 합니다.
만약 그 지식이 그리스도 안에 뿌리내리지 않으면
저주로 변할 것입니다.

장애가 되는 능력

당신의 능력은 생명을 주시는 하나님께 장애가 됩니다. 이 사실을 깨달을 때 영적인 눈이 열리게 됩니다. 똑똑한 사람은 하나님을 의지하기보다 자신의 머리를 의지하는 경향이 강합니다. 부자 역시 재물을 의지하기 쉽습니다. 수많은 사람들이 하나님을 전적으로 의지하기보다 자신의 재능을 의지합니다. 그러나 당신의 인간적인 능력은 당신을 연약하게 만드는 요인일 뿐입니다. 당신의 생명이 '하나님 안에서 그리스도와 함께' 감추어져 있다는 사실을 깨달을 때, 비로소 당신은 하나님의 충만함으로 그리스도 안에서 온전해질 것입니다. 그리고 하나님의 능력이 당신의 썩어질 육체를 통해 나타나기 시작할 것입니다.

✤✤✤✤✤

그리스도의 생명이 있는 사람은 결코 지치지 않습니다. 우리에게 필요한 것은 예수 그리스도의 생명이 우리 안에 들어와 그 생명으로 인해 우리 삶이 변화되는 것입니다.

하나님을 의지하는데 있어서 당신의 힘과 지식, 재물이 장애가 되고 있지는 않습니까? 당신에게 활기와 힘을 주는 것은 솔직하게 무엇입니까?

진리의 역할

예수님은 사람 때문에 소란을 떨지 않으셨습니다. 그 이유는 그분이 차갑거나 무관심해서도, 우리의 사정을 잘 몰라서도 아닙니다. 그저 사람의 일에 놀라지 않으셨습니다. 예수님은 애걸하거나 사람을 회유한 적도, 함정에 빠뜨린 적도 없으십니다. 그러나 언제나 엄중한 말씀을 하셨습니다. 부자 청년은 율법을 잘 지킨 바른 청년이었지만, 주님이 그에게 하신 말씀은 전혀 예측하지 못한 내용이었습니다.

예수님은 사마리아 여인과 대화하실 때, 미리 할 말을 정해놓고 하신 것이 아니었습니다. 그분은 그녀에게 진리를 전하시면서 그녀 스스로 죄를 깨닫게 하셨습니다. 또한 엠마오로 가던 제자들은 예수님과 대화할 때, 마음이 뜨거워졌습니다. 이처럼 하나님의 방법대로 말씀을 전하는 자의 특징은, 죄인들은 죄를 깨닫게 함으로써 영혼을 얻게 하고, 성도들의 마음은 뜨겁게 하는 것입니다.

왜 진리를 알고자 하는 바람만으로 충분하지 않습니까? 예수님은 진리를 어떻게 소개하셨습니까?

후회와 회개

하나님의 다스림을 받지 않으면 우리는 당장 제멋대로 행하게 됩니다. 예수 그리스도의 종으로서 그분이 시키시는 대로 행하지 않으면, 그것은 아무리 위대한 일이라도 주님을 위한 일이 아닙니다. 예수님은 친히 제자들의 발을 닦아 주셨습니다. 사람들을 대할 때 절대로 우월한 자세를 취하지 마십시오. 하나님은 그러한 자에게 결코 복을 베풀지 않으십니다. 오직 예수 그리스도를 날마다 제시하십시오. 거룩의 특징은, 그분의 말씀에 대해서는 지독하게 충성스럽고, 사람을 향해서는 놀라울 정도로 부드럽다는 것입니다.

✿✿✿✿✿

사람들은 진리에 매혹을 느끼고 공감도 하지만 여전히 죄 가운데 머물러 있습니다. 그들은 후회할지언정 결코 회개하지 않습니다. 죄를 인식할 뿐 결코 인정하지 않습니다. 언제부턴가 기독교는 좋은 교육을 해주는 종교가 되었고, 새 생명을 누리는 삶은 성공하는 삶에 자리를 빼앗겼습니다.

당신은 사람들을 대할 때 우월의식을 가지고 대합니까? 당신은 죄를 후회합니까, 아니면 회개합니까?

진리를 이용하지 마십시오

욥의 친구들은 욥의 이야기를 다 들어주었지만 그를 이해해주지 않았습니다. 오히려 그의 말을 똑같이 인용하여 그를 정죄했습니다. 당신도 그들처럼 상대방의 말을 그대로 사용해 악의적으로 표현할 수 있습니다. 즉, 진리를 말하면서 거짓을 전할 수 있다는 말입니다.

※※※※※

자연 세계에서 취한 것을 영적 세계에 적용하는 것은 잘못된 일입니다. 그 이유는 자연 세계의 법칙과 영적 세계의 법칙이 서로 다르기 때문입니다. 자연 세계에 법칙이 있듯 영적 세계에도 법칙이 있습니다.

당신은 어떤 경우에 사실을 말하면서 악의를 전합니까? 또한 어떤 경우에 진리보다 거짓이 더 매력적으로 느껴집니까?

이끼가 낀 신앙

간혹 우리는 성도들이 정체되는 것을 보곤 합니다. 그들은 뒤로 물러나지도 앞으로 나아가지도 않고 있다가 그 상태로 점점 굳어져 신앙생활에 이끼가 끼기 시작합니다. 그들에게 무슨 문제가 생긴 것일까요? 그들의 문제는 아직 신비로운 경험에서 벗어나지 못했다는 것입니다. 그들은 진리 대신 경험만 붙드느라 하나님으로부터 오는 생명을 누리지 못한 것입니다.

❈❈❈❈❈

하나님이 이루신 놀라운 역사 가운데 어떤 한 가지에 집착하거나 교리 가운데 하나를 전체 진리로 붙들면 잘못된 길로 빠지게 됩니다. 그 길은 하나님의 보호하심에서 벗어나는 길입니다. 예수님 외에 당신의 마음을 빼앗는 그 어떤 것도 허용하지 마십시오. 그러면 모든 교리와 이론이 당신 안에서 제자리를 찾을 것입니다.

당신은 신비로운 경험에 집착합니까, 아니면 그 경험을 하게 하시는 하나님을 붙듭니까? 우리가 모든 진리를 다 배웠다고 착각할 때, 어떤 일이 발생합니까?

어린아이처럼

하나님이 시련을 허락하시는 이유는 우리 몸에 젖은 그릇된 것들을 제거하시기 위함입니다. 즉, 우리가 어린아이같이 하나님만을 믿고 의지하도록 만드시기 위함입니다. 그때 우리는 어떤 상황에서도 근심하지 않게 됩니다.

✤✤✤✤✤

우리는 방랑자처럼 정처 없이 살 때가 많습니다. 그러다가 절망스러운 상황이 오면 그제야 표지판을 찾아 방향을 잡습니다. 하나님은 우리가 방황할 때 진노하시는 대신, 그분의 말씀이 진리임을 깨달을 때까지 잠잠히 기다려 주십니다.

하나님이 당신 삶에서 제거하기 원하시는 그릇된 것은 무엇입니까? 당신의 마음은 어디를 향해 가고 있습니까? 혹 지금 길을 잃었습니까?

반역자가 된 설교자

당신이 양육한 영혼들이 주님을 뵈었을 때 그분을 따르지 않는다면, 결론적으로 당신은 반역자가 되는 것입니다. 성경은 설교자의 매력을 전혀 중요하게 여기지 않습니다. 중요한 것은 맡기신 양들을 주께로 인도했느냐 안했느냐입니다. 만일 설교자가 자신의 매력을 기반으로 설교한다면, 그는 주님을 향한 사람들의 관심을 빼앗는 것입니다. 설교자가 예수님을 전해야 하는 유일한 이유는, 그분만이 모든 것 되시기 때문입니다.

❈❈❈❈❈

진리를 분별하는 것은 지적 호기심이나 연구가 아닌, 하나님께 자비를 간청함으로써 가능합니다. 즉, 기도를 통해 영적 진리를 분별할 수 있습니다. 어떤 사람은 순종으로도 분별할 수 있다고 하지만 아닙니다. 그 이유는 순종을 자신의 공로로 여기기 쉽기 때문입니다.

당신은 사람들을 예수님께로 인도하고 있습니까? 당신은 교회에서만 '영적으로' 행동합니까, 아니면 어디서나 그리스도인으로서 살아갑니까?

지식과 감동의 균형

기독교는 지식에만 머무르지 않고 열정과 감동이 있습니다. 신기한 것은, 신앙은 감동을 포함하지만 감동이 신앙으로 이끌지는 못한다는 것입니다. 감동만 있는 신앙은 위험합니다. 하지만 열정과 감동이 없는 신앙도 참 신앙은 아닙니다. 즉, 논리와 이성으로만 이끌리는 신앙도 참 신앙이 아니며 감정에만 이끌리는 것도 그렇습니다.

신앙생활에서 감동을 잃는 것은 신앙의 주요 요소 중 하나를 잃는 것과 같습니다. 하나님께는 세상의 그 어떤 사건도 놀랍지 않습니다. 그러나 그분이 행하시는 모든 일은 항상 우리에게 놀라운 감동을 줍니다.

당신의 신앙생활은 지식과 감동이 균형을 이루고 있습니까? 그렇지 않다면 왜 한 쪽으로 치우쳐 있습니까? 그리고 그 상태를 편안하게 느끼는 이유는 무엇입니까?

일에 빠지지 마십시오

새벽부터 밤까지 수고한다고 해서 어려움이 다 해결됩니까? 우리가 하나님을 만나고 그분이 통치자이심을 깨닫는 것은 아주 귀한 일입니다. 하지만 그것은 어느 날 갑자기 깨달아지는 것이 아니라, 진리의 확신과 믿음의 훈련으로 가능합니다. 당신은 하나님이 모든 만물의 통치자이심을 믿습니까? 그렇다면 힘들게 수고할 필요가 없습니다. 염려할 필요도 없습니다. 그러나 스스로 해결하기 위해 잠도 안 자고 일하거나 일해야 할 때 잠을 자면 징계가 임할 것입니다. 태만과 조급해 하는 것은 둘 다 악하기 때문입니다.

❅❅❅❅❅

우리가 하나님을 위해 일하는 것이 아니라, 그분이 우리를 통해 그분의 일을 하신다는 것을 명심하십시오. 따라서 우리가 할 일은 예수 그리스도께 충성하는 것입니다. 우리는 순종을 통해 주의 진리를 배울 수 있습니다.

당신의 하루는 무엇을 중심으로 돌아갑니까? 당신은 하나님을 위한다고 하면서 일에 빠져 있습니까, 아니면 하나님이 당신을 통해 일하시도록 그분을 의지하고 있습니까?

예수님만 높이는 사명

진리는 우리 예수님이십니다. 그러므로 그분께로 인도하지 않는 모든 진리는 잘못된 것입니다. 구원, 성화, 재림 등도 진리의 일부분일 뿐 진리 자체는 아닙니다. 그것들 역시 완전한 진리를 드러내야 합니다. 우리는 구원의 방법이나 성화의 과정을 세세하게 설명하라는 당부가 아닌, 예수 그리스도를 높이라는 사명을 받았습니다. 즉, 진리이신 예수님을 선포하라고 부름 받았습니다.

※※※※※

당신의 모든 수고의 동기는 예수님께 충성하기 위함입니까, 아니면 복을 받기 위함입니까? 만일 사람들로부터 칭찬을 듣기 위함이라면 사두개인과 다른 것이 무엇이겠습니까? 영적 삶을 유지하는 가장 중요한 비결은, 예수 그리스도께 절대적으로 충성하는 것입니다.

진리의 한 부분만 강조할 때 어떤 문제가 생깁니까? 예수님께 충성하는 것과 그분에 대한 교리에 충성하는 것은 무엇이 다릅니까?

믿음의 수고

하나님은 우리가 다른 사람들을 돕는 자가 되기를 기대하시지, 남의 실수를 찾아 비판하는 자가 되기를 원치 않으십니다. 메뚜기들이 강을 어떻게 건너는지 아십니까? 먼저 강에 뛰어든 수백만 마리의 메뚜기들이 물에 빠져 죽습니다. 그 후에 그들의 시체로 만들어진 길을 따라 메뚜기들이 강을 건넙니다. 하나님은 성도들도 이와 같이 사용하십니다. 순교자들의 피가 교회의 씨앗이 되었습니다. 예수님은 "한 알의 밀이 땅에 떨어져 죽지 아니하면 한 알 그대로 있고 죽으면 많은 열매를 맺느니라"(요 12:24)고 말씀하셨습니다. 믿음의 수고는 결코 헛되지 않습니다. 땅에 떨어져 사라지는 것 같지만 모든 풍경을 바꾸는 열매를 반드시 맺습니다.

하나님의 진리를 듣기만 하고 행하지 않는 것은 대단히 위험한 일입니다.

당신은 하나님께서 맡기신 역할을 기꺼이 받아들입니까? 혹 다른 사람들이 맡은 역할에 대해 비판하지는 않습니까?

당신의 인상

아담의 모습은 모든 인류의 모습입니다. 탐욕은 타락 이후 아담에게서 물려받은 유산입니다. 우리는 아무리 애를 써도 탐욕을 버릴 수 없습니다. 오직 예수 그리스도의 구속만이 탐욕을 없애 줍니다. 사람들이 당신을 좋아하더라도 그들 마음에는 하나님만 남도록 하십시오. 그들 마음속에 당신의 아름다움이나 매력이 남아서는 안 됩니다. 대신 "그는 하나님께 진실한 사람이었다"는 인상을 남기십시오.

성령님은 예수님과 관계되지 않는 것은 결코 증거하지 않으십니다. 만일 당신 삶이 메말라 있다면, 그것은 하나님보다 사람들의 조언을 따르고 있어서일지 모릅니다.

당신은 사람들에게 어떤 인상을 남기고 있습니까? 하나님을 경외하는 진실한 사람이라는 인상을 남기고 있습니까?

소망의 이유

우리 안에 있는 소망에 관한 이유를 완벽하게 설명할 수 있는 성도는 아마 없을 것입니다. 하지만 이 한 가지만은 제시할 수 있어야 합니다. 그것은 성령님이 내 안에 계시고, 성령님은 예수님의 진리가 나를 위한 것임을 증언하신다는 사실입니다. 그런데 이 말을 듣고도 진리를 거절한다면 그는 정죄받을 것입니다. 진리에 이르는 방법이 싫다는 이유로 진리를 만나는 길을 거절한다면, 그는 정직한 사람이 아닙니다.

✤✤✤✤✤

오늘날 기독교 사역은 하나님을 향한 집중력을 잃어가고 있습니다. 우리는 하나님이 역사하시도록 나 자신을 내어드리기보다는 그분을 위해 일하려고만 합니다. 그러나 하나님이 믿는 자들 가운데 역사하신다는 것을 깨달은 성도는 기쁨으로 충만합니다. 그것이 바로 하나님의 놀라운 구원의 실체입니다.

당신 안에 있는 소망에 관한 이유는 무엇입니까? 당신은 예수 외에 다른 진리를 구하고 있지는 않습니까?

그리스도의 멍에

사역자는 예수님께로 나아가는 길을 트며 그 길을 계속 정결하게 해야 합니다. 그러면 사람들이 그를 잊을지라도 예수님만은 기억할 것입니다. 사람들이 당신을 통해 그리스도를 알고자 할 때, 쉬지 말고 하나님께 집중하십시오. 그러면 그들의 사랑이 당신에게 머물지 않고 주를 향하게 될 것입니다. 많은 교회들, 목사들과 교사들이 무너지는 이유는 사람들을 자신에게로 이끌기 때문입니다. 하나님의 사역자는 더욱 그분만을 섬기길 원하는 자들입니다. 사람의 마음을 훔치지 않도록 주의하십시오. '사람의 마음을 끄는 것은 진리를 이야기하는 내 멋진 설교 때문이다'라고 생각한다면, 당신은 양떼를 훔치는 도둑일 뿐입니다.

✤✤✤✤✤

언제부턴가 사역을 행사로 여기게 하는 마음이 들어와 '사람들을 많이 모아야 한다'는 생각을 집어넣고 있습니다. 그러나 그렇지 않습니다. 우리는 오직 십자가에 집중해야 합니다. 우리는 세상의 물결에 휩쓸려서는 안 됩니다. 언제나 그리스도의 멍에인 십자가만 바라보십시오.

당신은 사람들이 예수 그리스도께 나아갈 수 있도록 길을 트고 있습니까? 그 길은 정결합니까?

조급함의 함정

어떤 기도는 잘못된 기도라서 응답을 받지 못합니다. 그러나 어떤 기도는 침묵의 기간, 즉 응답이 없는 기간이 필요합니다. 마리아와 마르다는 나사로를 죽음에서 돌려받았습니다. 아니, 그 이상의 복을 받았습니다. 그것은 바로 '예수 그리스도는 부활이요 생명'이라는 진리입니다. 응답되지 않을 것만 같던 기도가 가장 놀라운 방법으로 응답될 때, 우리는 하나님 앞에서 놀라움을 금치 못하게 됩니다. 그리고 그때 하나님의 침묵이 응답의 과정이었음을 깨닫게 됩니다.

✢✢✢✢✢

몇 년 전에 드린 기도라 할지라도 하나님은 절대 잊지 않고 계십니다. 하나님은 그분의 때에 반드시 응답해주실 것입니다. 그때 당신은 지금까지 이해할 수 없었던 위대한 계시를 깨닫게 될 것입니다.

왜 당신은 하나님도 당신처럼 조급하실 것이라고 착각합니까? 왜 당신은 하나님이 당신의 시간표에 따라 일하셔야 한다고 주장합니까?

예수님의 마음 배우기

어린아이가 무언가를 말할 때, 마땅한 단어를 찾지 못하면 몸짓과 표정을 섞어가며 설명을 합니다. 아직 말로 표현할 능력이 없기 때문입니다. 그리스도의 영을 받은 사람은 그리스도의 마음을 배워야 합니다. 그렇지 않으면 어린아이처럼 그분의 마음을 표현할 수 없습니다. 그럼, 어떻게 그리스도의 마음을 배울 수 있습니까? 그것은 성령님을 의지할 때입니다. 그분이 말씀을 통해 우리의 영과 생각, 그리고 이성에 역사하시면, 우리도 예수님처럼 생각하게 되고 그분의 마음을 알게 됩니다.

✤✤✤✤✤

예수 그리스도의 생명을 채우셨던 성령님이 천천히 그러나 확실하게 당신의 영혼을 채우실 것입니다.

당신 안에 그리스도의 마음이 형성될 때, 그것을 방해하는 것은 무엇입니까? 당신 삶에서 그리스도의 생명과 일치하지 않는 것은 무엇입니까?

복음을 왜곡시키지 마십시오

많은 그리스도인들이 그들의 믿음을 정확하게 표현하지 못하고 애매모호하게 설명합니다. 또한 선과 진리, 공의에 대한 그들의 믿음도 예수 그리스도와 교회에 연결시키지 못합니다. 그 이유는 교회가 예수 그리스도를 제대로 전하지 못했기 때문입니다. 하나님과 영적인 삶을 한쪽 구석으로 밀어 두지 마십시오. 그렇게 할 수 있다는 생각 자체가 재앙입니다.

과거에 경험한 하나님의 역사만으로 그분을 제한하지 마십시오. 하나님을 제한하는 것은 그분이 어떤 분이신지를 알지 못하도록 만듭니다. 또한 자기 자신에게 지나치게 몰두하면, 하나님을 보지 못하고 그분께 명령하는 지경에까지 가게 됩니다.

교회가 그리스도를 왜곡시키는 이유는 무엇입니까? 당신은 그리스도보다 교회 조직에 더 애착을 가지고 있지는 않습니까? 하나님의 신실하심을 알면서도 왜 그것을 믿지 못합니까?

양심을 흔드는 영적 예리함

진리는 언제나 순종의 바탕 위에 서며 하나님과 관계를 맺을 때 인식됩니다. 당신은 지적으로 예리한 사람과 영적으로 예리한 사람의 차이를 압니까? 전자는 지식을 더해 줄 뿐이지만 후자는 사람의 양심을 흔들어 놓습니다.

우리는 모든 영역에 대한 자신만의 개념을 가지고 있습니다. 사람들은 자신을 물질주의자, 무신론자, 또는 그리스도인이라고 소개하는데, 이는 자신만의 중심 개념이 있다는 의미입니다. 그러나 그 개념을 모든 일에 적용시키는 사람은 드뭅니다. 이 말은 곧 그 개념에 모순이 있다는 것을 의미합니다. 무엇이 옳은지 확인할 수 있는 유일한 방법은, 그 개념을 모든 영역에 적용해 보는 것입니다. "하나님은 사랑이심이라"는 말씀도 마찬가지입니다.

당신은 지적으로 예리한 사람입니까, 아니면 영적으로 예리한 사람입니까? 당신은 "하나님은 사랑이심이라"(요일 4:8)는 진리를 따라 살기 원합니까?

정상에서 내려오십시오

하나님은 아담을 창조하실 때, 산 정상에서 살도록 하지 않으셨습니다. 하나님은 아담을 흙으로 만드셨고 그것은 그의 영광이었습니다. 예수님은 가장 높은 곳에서 가장 낮은 곳으로 내려오셨습니다. 그리고 가장 천하고 비참한 십자가에 달려 그곳에서 영광을 얻으셨습니다. 이처럼 당신도 영광스러운 산 정상에서 내려와 낮고 거친 삶으로 들어가야 합니다. 그때 하나님 앞에서 당신의 참된 가치가 발견되고, 당신의 진실함이 입증될 것입니다.

❈❈❈❈❈

진정 변화되길 원한다면 모든 상황 속에서 신실하십시오. 하나님은 당신의 상황을 사용하셔서 당신이 그분의 영광이 되도록 하실 것입니다. 당신은 이 더럽고 악한 세상에서 하나님이 주신 생명으로 살아가야 합니다.

당신은 왜 영적인 흥분만 주는 정상에 머물려고 합니까? 당신이 십자가에 만족하지 못하도록 막는 것은 무엇입니까?

진리의 열매

예수님은 제자들에게 항상 오래 참으셨습니다. 또한 언제나 그들과 함께 하시면서 자신의 삶을 보여 주셨습니다. 예수님은 그들을 설득하지도 않으셨고, 실수했을 때 문책하지도 않으셨습니다. 오히려 그것을 통해 배우게 하셨습니다. 마침내 진리가 그들의 삶에 열매 맺을 것을 알고 계셨기 때문입니다. 영적 진리는 사람의 지성을 설득한다고 해서 깨달아지는 것이 아닙니다.

예수님은 제자들을 다루셨던 것처럼 지금 당신을 다루고 계십니다. 그분은 당신과 함께 하시며 당신 마음속에 진리의 씨앗을 심으십니다. 다시 말해 진리를 말씀하시고, 그 진리가 열매 맺도록 기다리고 계십니다.

당신은 예수님이 당신을 오래 참아 주신 것처럼 다른 사람들을 대합니까? 당신은 인내 가운데 열매가 맺어질 것을 기다리고 있습니까?

하나님의 정의에 따라

당신은 옳고 그름과 정의에 대해 많은 말을 합니다. 그렇다면 그렇게 말한 대로 행할 준비가 되어 있습니까? 하나님의 정의에 따라 행동할 준비가 되어 있습니까? 만약 그렇다면 당신은 예수 그리스도의 교훈이 하나님께로부터 온 것임을 깨닫는데 전혀 어려움이 없을 것입니다.

※※※※※

우리가 논쟁하는 이유는, 내가 옳다는 것을 입증하기 위해서입니다. 그러나 논쟁으로는 아무도 하나님 나라로 인도할 수 없습니다. 언제 어디서든 논쟁을 피하십시오. 우리는 진리를 위해 논쟁할 수는 없지만, 반드시 진리를 전해야 할 사명이 있습니다.

당신의 행동은 당신이 믿는 것과 일치합니까? 당신은 하나님의 정의를 중요하게 여깁니까? 그렇다면 당신이 속한 공동체에서 정의를 실천하기 위해 무엇을 하고 있습니까? 혹 정의보다 자신의 옳음을 증명하는 데 더 관심이 있는 것은 아닙니까?

진리는 당신을 잊지 않습니다

우리는 진리를 무시하거나 망각할 수는 있어도, 진리는 우리를 절대로 잊지 않습니다. 진리는 깊이 자리하고 있다가 전혀 기대하지 않고 있을 때 기이한 방법으로 되살아나곤 합니다. 설교 후 회중 가운데 아무런 변화가 없더라도 낙심하지 마십시오. 언젠가 그 진리는 살아날 것입니다. 그들의 생명 속에 분명히 들어갔기 때문입니다. 이 사실을 기억하고 눈에 보이는 결과만으로 설교의 성패를 판단하지 마십시오.

✤✤✤✤✤

진리는 당장 필요한 것처럼 보이지 않을 때도 있습니다. 그러나 그것이 필요할 때, 성령님은 그 진리를 우리의 기억 속에서 되살려내십니다.

당신은 진리 그 자체의 능력을 믿습니까, 아니면 좀 더 효과적으로 전달하기 위해 진리에 무언가를 추가합니까? 당신은 모든 진리가 동시에 열매 맺지 않는다는 것을 알고 있습니까?

❝ 한 알의 밀이 땅에 떨어져 죽지 아니하면 한 알 그대로 있고 죽으면 많은 열매를 맺느니라. 요 12:24

unless a kernel of wheat falls to the ground
and dies, it remains only a single seed. But if it dies,
it produces many seeds. **❞**

믿음의 수고는 결코 헛되지 않습니다.
땅에 떨어져 사라지는 것 같지만
모든 풍경을 바꾸는 열매를 반드시 맺습니다.

진리의 교훈

진리의 교훈들은 진리이신 예수 그리스도와 조화를 이룹니다. 그러므로 진리는 정확한 진술일 뿐 아니라 예수님과 부합하는 내용이어야 합니다. 우리는 정확한 사실과 진리를 구별할 줄 알아야 합니다. 사탄, 죄, 질병, 접신 등은 모두 정확한 사실입니다. 그러나 진리와는 무관한 것들입니다. 이처럼 사실에 대한 정확한 진술과 진리에 대한 정확한 진술은 서로 다릅니다.

✽✽✽✽✽

진리에 속하지 않으면 존재하지 않는 것이라고 말하지 마십시오. 진리에 속하지 않는 수많은 사실들이 실재하기 때문입니다. 하지만 그 사실들이 모두 진리는 아님을 기억하십시오.

왜 정확한 사실과 진리를 구별하는 것이 중요합니까? 사실이지만 진리가 아닌 것에는 어떤 것들이 있습니까?

정직하고 진실한 삶

'정직'이라는 단어는 뭔가 고상하고 준엄하고 웅장한 느낌을 줍니다. 마치 주의 성전처럼 경외감을 일으키기도 합니다. 또한 정직한 사람의 성품은 고상합니다. 자연의 영역에서는 일출, 일몰, 풍경, 음악, 시 등이 우리의 고상한 감각을 일깨웁니다. 반면 영적 영역에서는 진실하고 정직한 삶이 우리의 고상한 감각을 일깨웁니다.

※※※※※

진실하게 사는 것과 진실하게 말하는 것은 완전히 다릅니다. 소위 진실을 따지는 사람들은 많은 사람들을 괴롭힙니다. 그들은 사람들에게 진실을 요구하며 사실대로 말하라고 다그칩니다. 또한 모든 사람이 똑같은 진술을 하길 원합니다. 이러한 사람들은 진리의 영역인 진실한 삶에서 진실을 따로 떼어 분리시키는 사람들입니다.

당신은 정직하고 진실한 삶을 살고 있습니까? 당신은 진실을 따지는 사람입니까, 진실하게 사는 사람입니까?

누구를 위한 진리입니까

마음을 다스리는 훈련을 하지 않은 상태에서 하나님만이 도우실 수 있는 사람을 돕는 것은 성령의 역사를 방해하는 것입니다. 하나님의 말씀을 선포할 때는 엄중해야 합니다. 말씀을 희석시키거나 세련되게 덧입히지 말아야 합니다. 하지만 사람을 대할 때는 나 역시 은혜로 구원받은 죄인임을 기억하며 부드럽게 대해야 합니다. 그런데 오늘날은 이와 정반대입니다. "하나님은 우리에게 완벽을 기대하시지 않는다"는 가정 하에 온갖 변명을 늘어놓고 자기 편한 대로 말씀을 바꿉니다. 그리고 사람들을 대할 때는 엄하고 독합니다.

당신의 존재 이유는 "하나님을 믿으면 복을 받습니다"를 나타내기 위해서가 아닙니다. 하나님 안에서 그리스도와 함께 감추어진 생명을 삶으로 나타내기 위함입니다. 그 생명이 나타날 때 사람들은 당신의 선한 행실을 보고 하늘에 계신 아버지께 영광을 돌리게 될 것입니다. 예수님의 삶에는 '쇼비지니스'(Show Business)가 없었습니다. 성도의 삶도 마찬가지입니다.

당신은 하나님을 위해 진리를 말합니까, 아니면 자신의 유익을 위해 진리를 말합니까?

순종으로 나타내는 하나님의 지혜

하나님의 부르심을 따라 살아갈 때, 믿음의 시련이 찾아오고 그 과정은 매우 고통스럽습니다. 그때 "주님, 제가 여기서 불순종하면 무슨 큰 일이라도 일어납니까?"라고 따지기도 합니다. 그러나 이러한 반응은 하나님을 조금도 신뢰하지 않는다는 증거입니다. 하나님의 뜻을 아는 것은 수학 문제를 푸는 것과는 완전히 다릅니다. 오직 순종하며 나아갈 때, 우리를 향하신 하나님의 뜻이 분명하게 드러납니다.

❊❊❊❊❊

우리는 시대정신을 따라가지 않도록 끊임없이 노력해야 합니다. 그리고 순종하는 삶을 살아야 합니다. 그때 "하나님의 선하시고 기뻐하시고 온전하신 뜻"(롬 12:2)을 분별하게 됩니다. 하나님의 지혜는 언제나 순종을 통해 나타납니다. 당신을 통해 이 세상에 드러나야 하는 것은 뛰어난 재능이 아니라, 하나님의 깊은 지혜입니다.

당신을 향한 하나님의 뜻과 당신이 기대하는 삶은 서로 같습니까, 아니면 다릅니까?

확신에 헌신하지 마십시오

아브라함은 자신의 확신에 헌신하지 않았습니다. 만약 그랬다면 "이삭을 죽이지 말라"는 주의 음성을 사탄의 소리로 알고 그를 죽였을 것입니다. 이렇듯 믿음은 자기 확신을 포기하는 것입니다. 당신이 하나님께 충성하면, 그분은 여러 가지 시련을 겪게 하실 것입니다. 그러나 그 시련을 통해 당신은 하나님을 더욱 깊이 알게 될 것입니다.

✤✤✤✤✤

경험을 통해 얻은 자기 확신을 따르는 것은, 예수 그리스도께 충성하는 것보다 훨씬 쉽습니다. 그러나 오직 예수 그리스도께 충성해야만 자기 확신을 버릴 수 있습니다. 당신의 확신이 당신을 생명으로 이끌지 않는다면, 지금 당신은 죽은 확신을 붙들고 있는 것입니다. 믿음의 바탕을 인격적인 관계에 두지 않고 관념이나 원칙에 두면 오류에 빠지게 됩니다. 실체(Reality)는 논리에서 발견되지 않습니다. 그것은 '인격'이기 때문입니다.

하나님이 당신의 인생 방향을 바꾸실 때, 당신은 저항합니까? 그렇다면 그 이유는 당신의 인생에서 중요한 무언가를 놓치지 않기 위해서입니까, 아니면 얻기 위해서입니까?

하나님의 계시

하나님은 당신을 강제로 이끌어 가지 않으십니다. 협박하지도 않으시며 갑작스런 광명의 빛으로 쓰러트리지도 않으십니다. 하나님은 당신이 그분의 계시를 받아들이는 만큼 보여 주십니다. 또한 미신적인 요소가 전혀 없는 분이십니다. 그러나 사탄의 초자연적인 능력은 인간의 양심이 아닌 미신에 호소함으로써 인간을 어리석게 만듭니다.

※※※※※

냉소는 내 우상이 건드려질 때 나타납니다. 만약 당신이 냉소적인 자세를 취한다면, 그것은 하나님을 우습게 여기고 나의 완전함을 우상으로 삼았다는 증거입니다.

당신은 구체적인 미래를 알려 주지 않는 성경의 계시에 실망한 적 있습니까? 진리를 오해한 나머지 냉소적인 자세를 취한 적은 없습니까?

하나님의 주권과 자유 의지

하나님을 그분의 율법에 가두어 놓고 "그분이 못하시는 일도 있다"고 말하고 있진 않습니까? 하나님의 주권에서 가장 위대한 점은 인간에게 자유 의지를 주신 것입니다. 그러나 인간의 논리로 전능하신 하나님의 주권을 가둘 수는 없습니다.

❦❦❦❦❦

주권자는 오직 하나님 한 분이십니다. 그러나 이를 믿으려면 은혜가 필요합니다. 사람들은 은혜를 받기 전까지 아주 당돌합니다. 그러나 은혜로 하나님의 생명에 닿으면, 그 어떤 것도 두려워하지 않게 되고 오직 하나님만 경외하게 됩니다. 그러나 어리석은 사람은 그분을 두려워하지 않습니다.

제한된 사고 안에 하나님을 가두고 있진 않습니까? 당신은 하나님을 두려워합니까, 아니면 세상을 두려워합니까?

자연의 정결함 회복

하나님은 인간이 자연을 다스리고 정복하길 원하셨지만, 인간의 죄로 말미암아 자연은 인간과 함께 저주를 받게 되었습니다. "피조물이 다 이제까지 함께 탄식하며 함께 고통을 겪고 있는 것을 우리가 아느니라"(롬 8:22).

우리는 하나님 앞에 설 수 있는 근거가 하나도 없습니다. 그분 앞에 설 수 있는 유일한 길은 오직 속죄를 통해서입니다. 이 진리는 우리로 하여금 십자가를 붙들게 합니다. 죄는 인간의 속성뿐 아니라 물리적 세계에도 영향을 끼칩니다. 그래서 인간뿐 아니라 자연 세계 역시 정결해야 하며 오염된 부분을 제거해야 합니다. 만일 우리 삶이 그리스도의 피로 정결해졌다면, 어느 날 온 우주가 정결해지는 것도 보게 될 것입니다.

인간의 죄는 자연에 어떤 영향을 끼쳤습니까? 당신의 죄는 지금 어떤 영향을 끼치고 있습니까?

고난 중 누리는 평강

성경은 고난 가운데 복이 있다고 계시합니다. 건강하고 형통할 때, 평강을 누리는 것은 어려운 일이 아닙니다. 그러나 성경은 죄와 불의, 고통 가운데 있을 때, 평강을 누리라고 합니다. 우리는 고통과 공포 가운데 있을 때 비로소 하나님이 어떤 분이신지, 그분의 능력이 얼마나 놀라운 것인지 깨닫게 됩니다.

✤✤✤✤✤

우리는 고난을 피하려 하거나 그것과 멀찍이 거리를 두려 합니다. 하지만 그것은 하나님의 뜻이 아닙니다. 오히려 우리를 위험에 빠트릴 수 있습니다. 우리는 아무리 상황이 어려워도 그곳에서 하나님께 충성을 다해야 합니다.

당신은 고난 가운데 하나님의 은혜를 경험했습니까? 환난이 아니라면 결코 알 수 없었을 하나님에 대한 당신의 지식은 무엇입니까?

위기를 빛으로

죽음과 직면해서 삶을 깨우친 사람은, 자기 삶이 다시는 천박해지지 않을 것이라고 장담합니다. 하지만 그것은 대단한 착각입니다. 천박함과 이기심은 빛 가운데 거하지 않을 때 불쑥 튀어나오는 것이기 때문입니다. 죽음에서 건짐 받은 히스기야를 보십시오. 그는 담대했던 믿음의 행보를 망각하고 이기적이고 수치스러운 행보를 이어갔습니다(사 39장). 만일 당신에게 영적 각성이 일어났다면, 당신은 하나님의 임재와 말씀의 계시를 경험했을 것입니다. 또한 은혜로 수많은 위기를 지났을 것입니다. 이때 기억할 것이 하나 있습니다. 위기 속에서 하나님을 경험했던 그 시간은, 위기가 사라진 뒤 당신 삶에 빛이 되어야 합니다.

✤✤✤✤✤

위기에 처했을 때 모든 것을 하나님께 맡기십시오. 그리고 그분의 음성 외에 다른 모든 음성은 차단하십시오. 구원을 부르짖는 기도와 노래를 드리십시오. 하나님의 음성에 충성하는 것을 당신의 의무로 삼으십시오.

진리에서 벗어나면 어떤 일이 일어납니까? 위기가 닥치면 왜 좌절하게 됩니까? 이때 어떻게 하면 주께로 마음을 돌릴 수 있습니까?

참된 겸손

아직 하나님의 성품을 깊이 모른다면 겸손한 마음으로 인내하며 기다리십시오. 섣불리 당신이 아는 진리의 일부를 기준 삼아 다른 사람을 판단하지 마십시오. 안타깝게도 우리는 하나님에 대한 나름대로의 개념을 가지고 그것과 다른 말을 하는 그리스도인들을 공격하곤 합니다.

※※※※※

우리가 그리스도인이라는 증거는, 구원과 성화에 대한 개인의 간증과 고정된 견해에서가 아니라, 평범한 삶 가운데 하나님의 순결함을 나타내는 참된 겸손에서 나타납니다.

당신의 마음은 예수님의 마음처럼 부드럽습니까, 아니면 돌로 만든 우상처럼 딱딱합니까? 당신은 돌처럼 굳어진 당신의 고정관념을 확신합니까, 아니면 성령님을 더욱 믿습니까?

허망한 낙원

거짓 선지자들은 허망한 믿음을 부추기며 사람들을 위로합니다. 또 자신들이 지어낸 헛된 예언을 들으라고 강요합니다. 그러나 하나님은 원하지 않는 심령에게 진리를 강요하지 않으십니다. 그분의 진리를 알기를 원한다면 먼저 마음과 생각을 열어야 합니다. 편견에 물든 마음은 오직 편견의 선상에서 모든 사건을 바라보기 때문입니다. "나는 원래 마음을 잘 열지 못해요"라고 말하지 마십시오. 마음을 연 단 한 사람만 있다면, 그것은 누구든지 마음을 열 수 있다는 것을 보여 줍니다.

※※※※※

인생은 비극입니다. 그러니 이제 허망한 관념에서 벗어나 십자가를 바라봐야 합니다. 십자가 진리를 깨달으면, 우리는 전혀 다른 세계로 들어가게 됩니다. 그런데 오늘날 많은 사람들이 듣기 좋은 세련된 설교에 물들어 허망한 낙원에서 살고 있습니다.

당신이 가진 편견이나 고정관념은 무엇입니까? 그것은 당신의 말과 행동, 그리고 예배에 어떤 영향을 끼칩니까?

인간의 속성

예수님은 우리가 도둑질, 살인, 음행을 실제로 저지르지 않더라도, 그것을 마음속에 떠올리기만 해도 죄라고 말씀하셨습니다. 인간의 속성에는 하나님의 교훈을 미워하는 악한 성향이 있는데 그것은 반드시 제거되어야 합니다. 그것은 우리에게 저주가 될 것이기 때문입니다.

❋❋❋❋❋

이 진리는 창세기부터 요한계시록까지 계속 강조되고 있지만, 그럼에도 불구하고 우리는 믿지 않고 있습니다. 성경은 감상적이거나 비관적이지 않습니다. 또한 감당할 수 없는 슬픔에 대해서도 논하지 않습니다.

아무도 모르게 짓는 은밀한 죄는 무엇입니까? 당신은 왜 다른 사람들의 죄에 대해서는 흥분하면서 자신의 죄에 대해서는 너그럽습니까?

진리를 희석시키지 마십시오

당신은 당신이 받은 계시에 늘 충성해야 합니다. 그렇지 않으면 구약의 거짓 선지자들이 받았던 정죄를 똑같이 받게 될 것입니다. 당신이 이 땅에 존재하는 목적은 죄인들을 향해 진리를 선포하기 위함입니다. 그런데 많은 사람들이 친한 사람들 앞에서는 진리를 희석합니다. 진리를 분명히 알면서도 그들과의 관계 때문에 명확하게 전달하지 않는 것입니다. 그러나 절대로 하나님의 진리를 감추지 마십시오. 만일 진리를 감춘다면, 당신은 그들을 어둠 속에 처넣고 평강이 아닌 고통을 주는 것입니다.

당신 안에 있는 어둠의 영역이 빛 가운데 드러나도록 지금 순종하십시오. 그때 당신은 영광스럽고 측량할 수 없는 기쁨을 맛보게 될 것이며 하나님과 당신에 대한 모든 것을 알게 될 것입니다. 그것은 오직 끊임없는 순종의 과정을 통해 이뤄집니다.

당신은 왜 친한 사람들에게 복음을 전하지 않거나 희석해서 전합니까?
하나님이 빛으로 비추길 원하시는 당신 안의 어둠의 영역은 무엇입니까?

내려가는 능력

진리의 편에 서면 반드시 비방을 받게 됩니다. 하지만 이때 자신을 변호하면 모든 것을 잃게 될 것입니다. 수치와 모욕을 참으십시오. "내게 능력 주시는 자 안에서 내가 모든 것을 할 수 있느니라"(빌 4:13)는 바울의 고백에서 '모든 것'은 비방과 멸시, 배고픔과 궁핍을 모두 포함하는 것입니다. 이것이 그리스도인의 능력입니다. 즉, 철저하게 멸시받는 자리까지 내려갈 수 있는 것이 우리의 능력입니다. 하나님을 향한 우리의 믿음은 이 능력으로 입증됩니다.

❈❈❈❈❈

지식적인 진리는 진리이신 예수님과의 관계로 이어져야 합니다. 예수님은 우리가 지식적인 진리에만 머물기를 원치 않으십니다. 만약 그 지식이 그리스도 안에 뿌리내리지 않으면, 그것은 복이 아니라 저주로 변할 것입니다.

당신은 '멸시받는 자리까지 내려갈 수 있는 능력'을 경험하고 있습니까?
하나님의 복이 도리어 저주가 되는 것을 본 적 있습니까?

심판과 진리의 메시지

죄인을 향해서는 사랑과 자비의 메시지를 전해야 합니다. 그러나 하나님의 교회를 향해서는 심판과 진리의 메시지를 전해야 합니다. 우리는 죄인들을 향해 맹공격을 퍼붓지만 예수님은 결코 그렇게 하지 않으셨습니다. 성경의 엄중한 메시지는 불신자들이 아니라, 하나님의 백성을 향한 것이었음을 명심하십시오.

하나님은 과거의 전례에 따라 행하지 않으십니다. 그래서 믿음에 있어서는 과거의 경험과 논리가 통하지 않습니다. 우리는 그리스도께 충성하기보다 경험을 통한 확신에 충성하며 "나는 이 확신을 절대로 바꾸지 않을 거야"라고 말합니다. 하지만 그리스도께 충성하면 나의 확신은 언제든지 바뀔 수 있습니다.

당신은 예수님을 모르는 사람들에게 사랑의 메시지를 전합니까, 아니면 심판의 메시지를 전합니까? 우리는 왜 자신의 경험과 논리를 의지하면 안 됩니까?

제한하지 마십시오

우리는 성령님을 통해 하나님의 음성을 들을 수 있습니다. 그런데 그분의 말씀을 나눌 때 성령님을 의지하기보다 내 지식을 의지하기 쉽습니다. 또한 하나님을 인간의 시공간에 제한하기도 합니다. "나는 가까운 데에 있는 하나님이요 먼 데에 있는 하나님은 아니냐"(렘 23:23). 하나님께는 멀고 가까움이 없으십니다. 우리는 하나님에 대한 공간적인 인식을 버려야 합니다. 이것을 기억하십시오. 하나님은 당신이 처한 상황에 관심이 없으십니다. 다만 그 상황에서 당신이 하나님께 관심을 갖길 원하십니다.

오늘날 우리의 문제는, 하나님께서 "기다리라"고 하시는데 참지 못하고 앞서 가는 것입니다. 인내는 그 조급한 마음이 지날 때까지 참고 기다리는 것입니다. 성령님은 절대로 세상의 요령을 택하지 않으십니다. 어떤 상황에 처하든지 절망하지 말고 예수 그리스도께 충성하십시오.

당신은 왜 하나님이 원하시는 것을 자기 멋대로 추측합니까? 그분의 뜻을 알기 위해 왜 기다리지 못합니까?

순종해야 깨닫습니다

진리의 한 부분에만 사로잡혀 한쪽으로 치우치지 마십시오. 그러면 사탄에게 쉽게 속습니다. 성령님의 활동은 하나의 원천에서 나오는 반면, 거짓 영의 활동은 속일 수 있는 부분적인 진리를 원천으로 삼습니다. 성령님을 의지하지 않고 단지 호기심만으로 말씀을 본다면, 반드시 오류에 빠질 것입니다. 순종만이 하나님의 말씀을 깨닫는 길임을 기억하십시오. "예수께서 대답하여 이르시되 천지의 주재이신 아버지여 이것을 지혜롭고 슬기 있는 자들에게는 숨기시고 어린아이들에게는 나타내심을 감사하나이다"(마 11:25). 성령님의 가르침은 세상 지혜로 볼 때 어리석습니다. 그렇기 때문에 세상 지혜로 말씀을 해석하는 것은 옳지 않습니다.

하나님과 올바른 관계에 있지 않으면 모든 것이 어둡고 모호해집니다. 당신이 깨달은 모든 것에 대해 하나님께 감사하십시오. 그러면 그쁨이 넘칠 것입니다.

당신은 여러 문제에 대처할 때 과거의 경험을 바탕으로 합니까? 하나님의 말씀을 깨닫기 위해 당신이 해야 할 일은 무엇입니까?

진리를 사랑하십시오

예수님은 누구에게든지 자신의 형상을 창조하실 수 있습니다. 당신은 이것을 믿습니까? "그런즉 누구든지 그리스도 안에 있으면 새로운 피조물이라 이전 것은 지나갔으니 보라 새것이 되었도다"(고후 5:17). 안타깝게도 많은 성도들이 이 말씀의 진정한 의미를 깨닫지 못하는 것 같습니다. 왜냐하면 성령님이 이 놀라운 말씀을 계시해주시도록 기도드리지 않기 때문입니다. 그들은 삶 가운데 기도와 감사드릴 시간을 결코 허락하지 않습니다.

❋❋❋❋❋

진리를 알려면 온 마음과 뜻을 다해 진리를 사랑해야 합니다. 그러면 어둠에 놓여 있던 모든 것이 빛 가운데서 기쁘게 깨달아질 것입니다. 그러므로 하나님이 당신에게 인내하라고 권면하시는 것은 당연합니다.

'새로운 피조물'이 되었다는 뜻은 무엇입니까? 당신은 고린도후서 5장 17절의 말씀을 살아내기 위해 얼마나 많은 시간을 헌신하고 있습니까?

소화시키지 못한 계시

우리는 음식을 먹어 그것을 소화시키는 것처럼 우리의 영혼으로 예수님을 취해야 합니다. 예수님은 "내가 아버지로 말미암아 사는 것같이 나를 먹는 그 사람도 나로 말미암아 살리라"(요 6:57)고 말씀하셨습니다. 음식 그 자체가 '건강'이 아니듯 진리 그 자체도 '거룩'은 아닙니다. 건강해지려면 음식이 몸 안에서 잘 소화되어야 합니다. 마찬가지로 사람이 거룩해지려면 진리가 영혼 안에서 잘 소화되어야 합니다. 그런데 진리를 취하기만 하고 그것이 계시하는 것을 소화시키지 못하는 사람들도 있습니다. 소화시키지 못한 계시를 진리로 만들지 마십시오. 예수님은 "내가 곧 진리"라고 말씀하셨습니다.

※※※※※

우리는 진리를 들은 후 그것이 삶이 되도록 소화시켜야 합니다. 그러면 하나님의 자녀로서의 속성이 나타나기 시작합니다. 하나님의 생명은 각 사람에게 서로 다른 모습으로 나타나지만, 결국 그 목표는 예수 그리스도, 그분으로 이어질 것입니다.

당신 안에 아직 소화시키지 못한 진리는 무엇입니까? 혹 진리를 받기만 할 뿐 삶으로 소화시키지 못해 영적 비만에 걸리진 않았습니까?

❝ 너희는 이 세대를 본받지 말고 오직 마음을 새롭게 함으로 변화를 받아 하나님의 선하시고 기뻐하시고 온전하신 뜻이 무엇인지 분별하도록 하라. 롬 12:2

Do not conform any longer to the pattern of this world, but be transformed by the renewing of your mind. Then you will be able to test and approve what God's will is-- his good, pleasing and perfect will. **❞**

시대정신을 따라가지 않도록 끊임없이 노력하십시오.
하나님의 지혜는 언제나 순종을 통해서만 나타납니다.
당신을 통해 이 세상에 드러나야 할 것은 뛰어난 재능이 아니라
하나님의 깊은 지혜입니다.

삶을 마비시키는 지식

사탄이 말한 대로 하와는 그 즉시 죽지 않았지만, 이 땅에 죽음이 침투하였습니다. 죽음은 조용히 시작됩니다. 우리는 하나님께 불순종하는 즉시 죽임을 당한다고 생각하지만, 도리어 그 반대의 일이 일어납니다. 더 풍부한 경험을 쌓은 것 같기도 하고, 마음이 더 넓어진 것 같기도 합니다. 또한 악에 관용하는 태도까지 생겨납니다. 하지만 그것은 점점 힘을 잃어가고 있다는 증거입니다. 선악과를 먹은 후 얻은 지식은, 삶으로 잘 드러나는 대신 삶을 마비시키기 때문입니다.

❊❊❊❊❊

제자들이 선택되어 예수님과 함께한 것은 오직 하나님의 뜻이었습니다. 그들이 선택한 모든 것 역시 하나님의 뜻이었습니다. 사실 이것은 논리적으로 말이 되지 않습니다. 하지만 그리스도인인 우리에게는 영광스러운 진리입니다.

당신은 왜 진리보다 거짓이 사람들의 관심을 더 끈다고 생각합니까? 당신은 왜 자유의지로 선을 행하는 것보다 악을 행할 때 더 스릴을 느끼는 것 같습니까?

있는 그대로 보십시오

우리는 누군가에 대한 나만의 생각에 갇히는 경향이 있습니다. 그렇게 되면 그가 실제로 어떤 사람인지는 중요하지 않게 됩니다. 그의 모든 행위를 내 사고에 끼워 맞춰 해석하기 때문입니다. 만일 당신이 그렇다면, 당신은 사람을 있는 그대로 대하는 사람이 아니라, 자기 생각대로 좋게 여기거나 나쁘게 여기는 사람일 것입니다. 당신은 있는 그대로를 보게 될 때까지 결코 상대방을 알지 못하게 될 것입니다. 당신이 하나님의 성품을 어떻게 느끼는지는 바로 당신의 성품에 달려 있습니다. 하나님은 언제나 진실하십니다. 그러므로 당신은 온전해질수록 더욱 하나님을 알게 될 것입니다.

※※※※※

만일 내가 원하는 결과를 얻기 위해 거짓말을 한다면, 이는 모든 상황의 배후에 진실하신 하나님을 믿지 않는 것입니다. 언제나 참 진리이신 예수 그리스도의 빛 안에서 모든 것을 판단하십시오. 그러면 아무리 옳게 보여도 그릇된 일을 하지 않게 될 것입니다.

당신은 어떤 경우에 사실 그대로보다 자신이 믿고 싶은 것만 알고 싶어 합니까? 당신은 왜 참 진리보다 자신의 생각을 더 의지합니까?

연합에 대한 갈망

저는 하나님의 말씀을 전하는 사람들 가운데 모든 사람이 인정하는 말만 하는 사람을 본 적이 없습니다. 만약 당신이 누군가가 한 번도 경험하지 못한 진리를 전한다면, 그는 "동의할 수 없어"라고 강하게 반발할 것입니다. 그때 그와 논쟁하는 것은 어리석습니다. 그것이 하나님의 말씀이라면, 그가 스스로 잘못을 인정할 때까지 기다리십시오.

참된 영적 삶의 중심에는 하나님과 연합하고자 하는 갈망이 있습니다. 이 갈망 외에 다른 것에서 쉼을 얻으면, 그것은 우리를 욕망의 포로로 만듭니다. 영적인 복만 추구할 때 인간은 영적으로 잠들기 시작합니다. 그것에 안주하려는 것은 타락의 시초입니다. 그러므로 나 자신의 목적이 무엇인지 점검해 볼 필요가 있습니다.

당신은 다른 사람들과 의견이 다를 때 어떻게 합니까? 자신의 뜻을 관철시키기 위해 말다툼을 합니까, 아니면 진리가 역사하도록 시간을 두고 기다립니까? 당신은 영적 안식 가운데 하나님과 연합한 자입니까, 아니면 영적인 복에 안주한 자입니까?

비전의 포로

저는 진리의 비전을 발견하고도 그것을 붙들지 않는 사람들을 볼 때 가장 슬픕니다. 그것은 분별의 문제도 아니고, 그것을 다른 사람에게 어떻게 제시하느냐의 문제도 아닙니다. 어떻게 그 비전을 붙잡아 자기 것으로 만드느냐의 문제입니다. 하나님께 받은 비전이 있다면, 그 비전으로 인도하는 진리에 계속 몰두하십시오. 잠이 들 때도, 아침에 일어날 때도 그 비전을 생각하십시오. 모든 생각이 그 비전의 포로가 되게 하십시오. 그러면 하나님이 당신을 그 진리와 꼭 맞는 사람으로 변화시키실 것입니다.

※※※※※

많은 사람들이 지지하고 요구하는 뜻을 따르다 보면, 정작 자기 자신을 향한 하나님의 뜻을 놓치게 됩니다.

당신이 하나님께 받은 비전은 무엇이며 지금 그 비전을 위해 무엇을 하고 있습니까? 비전을 이뤄갈 때 가장 두려운 것은 무엇입니까?

참 빛이신 예수님

눈은 보는 것을 정확하게 기록합니다. 그러나 단지 기록만 할 뿐 그 해석은 '비추는 빛'에 따라 달라집니다. 예수님은 하나님을 비추는 유일한 참 빛이십니다. 그래서 예수님을 바라보면 하나님을 비추는 새로운 참 빛을 얻게 됩니다. 당신은 참 빛에 따라 모든 것을 보고 있습니까? 만약 그렇다면 죄에 대한 책망을 철저하게 듣게 될 것입니다.

※※※※※

성령님은 우리를 참 빛 가운데로 이끄셔서 우리 자신을 보게 하십니다. 그러면 우리는 죄의 속성이 무엇인지 정확하게 알 수 있습니다. 죄가 무엇인지 알기를 원한다면, 죄인보다 구속을 통해 하나님의 거룩하심을 깨달은 성도에게 물어보십시오. 그러면 죄가 무엇인지 정확하게 말해줄 것입니다.

예수님의 참 빛 안에서 당신은 하나님을, 다른 사람들을, 당신의 모든 상황을, 당신의 죄를 어떻게 보고 있습니까?

진리를 숨기지 마십시오

당신은 어떤 사람입니까? 하나님은 당신을 어떻게 빚어 오셨습니까? 사도 바울은 "내가 나 된 것은 하나님의 은혜로 된 것이니"(고전 15:10)라고 고백합니다. 긍휼과 불쌍히 여기는 마음으로 영혼들을 대하십시오. 그러기 위해서는 당신이 과거에 어떤 사람이었는지를, 그리고 하나님의 은혜로 지금 어떤 사람이 되었는지를 항상 기억해야 합니다.

✤✤✤✤✤

성경은, 거룩한 사람이 거룩하지 않은 사람들에게 박해를 받게 될 것이라고 말합니다. 저 역시 진리를 증거할 때마다 사람들의 조롱과 박해를 받았습니다. 그러나 예수님의 가르침을 기억하십시오. 그분은 제자들에게 두려움 때문에 진리를 숨기지 말라고 가르치셨습니다.

당신은 다른 사람들을 어떻게 대하고 있습니까? 상대방을 배려하지 않고 자기 말만 할 때가 더 많지는 않습니까?

악을 아는 지식

오늘날 세상은, 유용한 존재가 되려면 온갖 악을 대충이라도 다 경험해봐야 한다고 속삭입니다. 그러나 이는 잘못된 것입니다. 예수님은 그분 안에 있는 생명으로 선과 악을 아셨고, 하나님은 악을 아는 지식에 있어서 우리도 이처럼 되길 원하십니다. 즉, 우리가 거침없이 순종함으로써 악을 알기를 원하십니다. 사람이 죄책감을 느낄 때는 바로 죄의 끔찍한 결과를 볼 때입니다. 그제야 하나님께서 베푸신 구원이 얼마나 귀한 것인지를 깨닫게 되기 때문입니다. 기억하십시오. 죄가 얼마나 끔찍한지를 알게 될 때는 오직 성령님께 순종할 때입니다.

✤✤✤✤✤

참된 기독교는 영적 아름다움을 경험하게 합니다. 그 아름다움은 하나님과의 진실한 관계에서 나타나므로 강요나 모방으로는 결코 경험할 수 없습니다.

당신은 악을 어떤 방법으로 알게 되었습니까? 당신은 어떤 상황에서 "악이 선하다"고 착각했습니까? 또한 어떤 상황에서 죄가 아름다움을 파괴하는 것을 목격했습니까?

죄의 책임

사탄의 간교한 계략 중 하나는 술 취함, 중독 같은 죄의 책임이 내가 아닌 사탄에게 전적으로 있다고 착각하게 만드는 것입니다. 우리는 자신이 행한 그릇된 일에 대해 반드시 책임을 져야 합니다. 그릇된 행동을 하는 이유는 자기 안에 나쁜 성향이 있기 때문입니다. 따라서 죄에 대해 비난 받아야 할 대상은 자신 안에 있는 나쁜 성향입니다. 하지만 우리는 비난의 화살이 내가 아닌 사탄에게 가도록 교묘하게 속입니다.

✤✤✤✤✤

인간의 지혜가 아닌, 하나님과의 친밀한 관계에서 오는 영적 분별력으로 설교하십시오. 예수님은 인간의 지혜가 아닌 오직 하나님의 지혜로 말씀하셨습니다.

당신은 자신의 그릇된 행동에 대해 얼마나 자주 사탄을 탓합니까? 당신은 왜 자신의 나쁜 성향에 대해 인정하기를 주저합니까?

말씀의 씨앗

사람은 계절을 다스릴 수도, 씨가 자라나게 할 수도 없습니다. 아무리 뛰어난 설교자라도 성도를 만들어 낼 수는 없습니다. 우리가 할 수 있는 유일한 일은 사람들에게 말씀의 씨앗을 심는 일입니다. 예수님이 자신을 가리켜 하신 말씀은 모든 씨앗에 해당하는 말씀이기도 합니다. "내가 진실로 진실로 너희에게 이르노니 한 알의 밀이 땅에 떨어져 죽지 아니하면 한 알 그대로 있고 죽으면 많은 열매를 맺느니라"(요 12:24).

오늘날 우리는 잘못된 생각을 가지고 있습니다. 그것은 사역자가 밭을 갈고, 씨를 뿌리고, 짧은 시간 안에 뿌린 씨앗의 열매를 거두어야 한다는 것입니다. 그러나 예수님은 제자들에게 전혀 조급하지 않으셨습니다. 그분은 제자들이 이해하든 말든 계속 씨를 뿌리셨습니다. 또한 자라날 수 있는 환경을 조성하신 뒤 스스로 자라도록 내버려 두셨습니다. 예수님은 씨앗 안에 싹을 내고 열매를 맺을 수 있는 능력이 있음을 알고 계셨기 때문입니다.

하나님께 속한 일을 당신이 하려고 애쓰고 있진 않습니까? 하나님이 맡기신 일을 게을리하고 있지는 않습니까?

공의롭고 참된 심판

솔로몬은, 하나님의 심판은 공의롭고 참되기에 안심할 수 있다고 말합니다. 그러니 지금 당장 증명할 수 없는 일도 있음을 인정하고, 그 일에 대한 판단을 보류하십시오. 그것은 매우 중요한 태도입니다. 설명할 수 없다고 해서 그것의 의미도 사라지는 것은 아닙니다. 살다 보면 이해되지 않고 당혹스러운 사건들을 만나기 마련입니다. 하지만 모든 사건의 배후에는 모든 것을 다스리는 권세가 있습니다. 바로 공의로우신 하나님의 권세입니다. 그러니 이제 공의롭지 않은 사건에 대해 지나치게 염려하지 마십시오.

✿ ✿ ✿ ✿ ✿

우리 마음을 뒤흔드는 진리 중 하나는, 나 자신을 위한 공의를 구하는 것이 어리석은 행동이라는 것입니다. 자신을 위한 공의를 구하기 위해 시간을 낭비하지 마십시오. 만일 그렇게 하면 자기 연민이라는 감옥에 스스로 갇히게 될 것입니다. 이제 나의 공의롭지 못한 행위로 인해 누군가가 고통당하는 일이 없도록 모든 사람을 공평하게 대하십시오.

당신은 왜 하나님이 심판하실 때 당신의 도움이 필요할 것이라고 착각합니까? 당신은 왜 다른 사람들과 자신을 판단하는데 있어 서로 다른 잣대를 사용합니까?

예배 의식

하나님과 바른 관계를 맺을 때, '예배 의식'은 우리에게 큰 도움을 줍니다. 올바른 예배 장소와 분위기는 사람들을 참된 예배로 인도하기 때문입니다. 그런데 우리는 예배 의식이 신앙생활에 필요하다는 사실을 자주 망각하곤 합니다. 참된 예배를 드리려면 올바른 예배 의식이 필요합니다. 예를 들어, 예수님은 제자들에게 주기도문을 알려 주셨습니다. 그 기도문이 기독교 역사 가운데 반복될 것을 아셨기 때문입니다.

유대교는 예배 의식과 회중 모임을 중요하게 여겼음을 기억하십시오. 물론 신약시대에 이르러서는 유대교의 예배 의식이 상징하는 바가 다 완성되어 필요 없게 되었지만, 에스겔 선지자는 하나님을 향한 참된 예배가 먼 장래에 이 땅에 이루어질 것을 예언했습니다. 그때는 상상을 초월하는 예배 의식으로 진행될 것입니다.

예배 의식은 어떻게 예배를 돕습니까? 당신이 드리는 예배 의식 가운데 참된 예배를 방해하는 것은 무엇입니까?

당신이 해야 할 몫

하나님은 당신이 물려받은 '유전적인 속성'을 모두 바꾸는 작업을 하십니다. 여기서 당신이 해야 할 일은 그 변화된 속성들을 세상에 드러내는 것입니다. 그러나 하나님은 사회적인 조건들까지 정리해주진 않으십니다. 예수님도 사회 개혁자가 아니셨습니다. 그분은 우리를 변화시키기 위해 오신 분입니다. 만일 이 땅에 사회 개혁이 필요하다면 변화 받은 당신이 하십시오. 우리는 하나님께서 인간에게 시키신 일을 그분께 다시 해달라고 요청할 수 없습니다. 또한 하나님만이 하실 수 있는 일을 하려고 시도해서도 안 됩니다.

❋❋❋❋❋

간혹 기도는 하나님의 기적을 의지하려는 미혹의 수단이 되기도 합니다. 내가 할 일을 하나님께 해달라고 요청하는 것이 훨씬 쉽기 때문입니다. 이처럼 우리는 영적으로 잘 훈련되기까지, 자신의 책임을 회피하고 무조건 기적을 의지하려는 성향을 보입니다.

하나님이 당신을 변화시키신 후, 당신에게 주신 사명은 무엇입니까? 당신은 그 사명을 위해 자신의 책임을 다하고 있습니까?

각성되지 않은 영혼

사람들은 자기 자신 외엔 별 관심이 없습니다. 관심이 없으면 아무리 멋진 음악을 들려줘도 감흥이 없습니다. 관심이 없으면 아름다운 그림을 봐도, 일출과 일몰의 놀라운 광경을 봐도 감동하지 않습니다. 무뎌진 영혼은 자연의 아름다움 앞에서 무감각합니다. 마찬가지로 각성되지 않은 영혼은 하나님의 부르심에 아무 감각이 없습니다. 하지만 하나님의 음성을 들을 수 있는 영역에 들어오면, 그의 모든 것은 근본적으로 변하게 됩니다.

※※※※※

예수님은 우리가 전혀 기대하지 않은 때와 장소에 나타나십니다. 사역자가 역경 가운데서 하나님께 충성할 수 있는 비결은 그분의 갑작스런 방문을 늘 준비하면서 사는 것입니다. 우리는 다른 사람들의 기도를 의지해서도, 하나님의 자녀들의 동정을 기대해서도 안 됩니다. 오직 예수님을 만날 준비를 해야 합니다.

당신이 자연의 아름다움에 감동하지 않는다면, 어떻게 창조주 하나님께 감사할 수 있겠습니까? 또한 이렇게 무감각한 당신을 하나님이 어떻게 사용하실 수 있겠습니까?

사랑의 헌신

예배는 하나님을 향한 '사랑의 헌신'입니다. 참 예배를 드리는 마음과 선교사가 되는 마음은 같습니다. 즉, 하나님께 진실로 예배드리는 것은 선교사가 되는 것과 같다는 말입니다. 왜냐하면 예배는 하나님을 증거하는 것이며, 우리에게 주신 것들을 다시 그분께 올려드리는 것이기 때문입니다. 따라서 예배는 하나님이 신실한 자들에게 요구하시는 가장 신성하고 공적인 행위입니다.

참된 증인은 세상에서 빛이신 예수님의 속성을 드러내는 사람입니다.

당신이 드리는 예배는 하나님과 당신의 관계에 대해 세상에 무엇이라고 말합니까? 그 예배는 예수님의 속성을 드러내고 있습니까?

마음의 영향력

진실한 자세로 진실한 것을 말하지만 그 동기는 거짓일 수 있습니다. 저는 당신의 말을 정확하게 전하면서 동시에 거짓도 함께 전할 수 있습니다. 그 이유는 같은 말을 하는 당신의 심기와 나의 심기가 다를 수 있기 때문입니다. 거짓이란, 말이 완벽하게 같지 않음을 의미하는 것이 아닙니다. 거짓인지 진실인지를 가르는 기준은 '동기'에 달려 있습니다. 그래서 우리는 진실을 말하면서도 거짓을 말할 수 있습니다. 중요한 것은 문자적인 단어가 아니라, 말을 통해 다른 사람에게 미치는 마음의 영향력입니다.

※※※※※

하나님이 주시는 시험은 태도의 진정성에 대한 것이 아니라 마음의 기질에 대한 것입니다. 우리는 태도에 있어서는 대단히 진실하지만, 마음은 하나님 보시기에 부패한 것일 수 있습니다. 하나님께서 변화시키는 것은 바로 이 마음의 기질입니다.

당신은 어떤 상황에서 진실보다 그것의 나쁜 이미지를 전하려고 애씁니까? 당신은 얼마나 자주 진실을 통해 거짓말을 하고 있습니까?

비판의 폐해

다른 사람의 비밀을 쉽게 말하는 사람은 약점도 쉽게 들춰냅니다. 그런 사람은 악한 영으로 가득 차 있는 사람입니다. 그는 다른 형제의 눈에 있는 티를 지적할 만큼 간교하며 남의 티를 발견하면 우월의식을 느끼며 자신이 더 영적이라고 착각하는 사람입니다. 이러한 특징을 누구에게서 발견할 수 있습니까? 예수님께 발견할 수 있습니까? 절대 그럴 수 없습니다.

끊임없이 남을 비판하는 사람은 결국 아무 이유 없이 항상 비판하는 사람이 됩니다. 그러나 비판의 폐해는 치명적입니다. 비판은 사람을 기죽이고 무기력하게 만듭니다. 무언가를 해낼 수 있는 힘도 다 빼앗습니다. 이것은 결코 성령님의 일일 수 없습니다. 그분은 상처를 주지 않으십니다. 인격적인 분이십니다.

당신은 다른 사람의 약점을 들춰내는 만큼 자신의 약점도 드러내며 살아갑니까? 당신은 비판을 통해 더 나은 사람이 되었습니까? 당신은 왜 자신의 비판이 다른 사람들을 도울 것이라고 착각합니까?

진리의 중심

진리의 중심은 구원도, 성화도, 재림도 아닌 오직 예수 그리스도 한 분이십니다. 진리의 일부만 취해 그것을 가르치면 늘 오류가 생깁니다. 또한 진리의 일부를 전부인 양 취할 때도 종교적 개념을 옹호하는 자가 되어버립니다. 예수 그리스도 대신 교리에 충실하게 되면, 그것은 큰 망치로 억지 '개념'을 머리에 박아 넣는 것과 같습니다. 당신은 예수 그리스도를 따를 때 비로소 고집과 독단이 사라지고 오직 그분께만 집중할 수 있습니다.

✤ ✤ ✤ ✤ ✤

겸손과 거룩은 언제나 함께합니다. 완고함과 거친 태도가 드러날 때마다 당신은 빛으로부터 멀어지고 있음을 인지하십시오.

당신이 선호하는 영적 도구는 무엇입니까? 그것은 진리를 머리에 박아 넣는 망치입니까, 아니면 밝히 드러내는 빛입니까?

사랑의 자발성

인간의 사랑은 언제나 신중하고 계산적이라 자신의 한계를 넘어서지 못합니다. 그것은 참된 사랑의 속성이 아닙니다. 사랑의 특징은 '자발성'에 있습니다. 결코 사전에 계획되어 진행되지 않습니다. 예수님은 향유 옥합을 깨뜨린 마리아의 자발적인 사랑을 칭찬하셨습니다. 그녀의 행동은 실용적이지도 않았고, 반드시 해야 할 의무가 있는 것도 아니었습니다. 누가 봐도 도에 지나친 낭비였습니다. 그러나 하나님의 사랑의 속성 역시 무한한 낭비입니다. 끊임없이 뜨는 해와 지는 해는 얼마나 큰 낭비입니까?

❦❦❦❦❦

낭비는 예수님께 드려지는 헌신의 참된 특성입니다.

당신은 예배드릴 때 여러 가지를 신중하게 따져 계산적으로 드립니까, 아니면 자발적인 감사와 사랑으로 드립니까? 당신은 하나님을 향한 사랑을 표현하는데 있어 인색합니까, 아니면 낭비로 여겨질 만큼 아낌없습니까?

오해하지 마십시오

예수님이 이 땅에서 처하셨던 상황은 사람들이 바라는 이상과 거리가 멀었습니다. 그분의 상황은 어려움과 난관으로 가득 차 있었습니다. 아마 당신의 삶도 마찬가지일 것입니다. 당신은 개인의 목표와 뜻을 이루기보다는 그리스도께 충성을 다하려고 수고할 것입니다. 그러나 때론 내 목표와 뜻이 하나님의 것인 양 오해를 하기도 합니다.

❦❦❦❦

예를 들어, 하나님의 부르심을 생각해 보십시오. 그것은 어떤 순간과 장소로의 부르심이 아니라, 당신이 어디를 가든지 그분의 뜻대로 순종하는 것을 의미합니다. 그런데 문제는 자신의 이상에 그분의 부르심을 끼워 맞추는 것입니다. 만일 이렇게 착각하고 밀고 나간다면, 당신 안에 있는 그리스도의 생명은 자라지 못할 것입니다. 그것은 의도적으로 '하나님이 원하시는 것은 이거야'라고 생각한 뒤, 거기에 부르심을 끼워 맞추는 행위이기 때문입니다. 진리는 지적으로 분별되는 것이 아니라 영적으로 분별되는 것입니다.

당신은 예수님께 충성하고 있습니까, 아니면 자신의 목표와 뜻을 이루기 위해 수고하고 있습니까? 당신은 어떠한 장소로 부름을 받았습니까, 아니면 주님께로 부름을 받았습니까?

회개하십시오

사람들은 하나님의 말씀을 노골적이고 직선적으로 전할 때 좋아합니다. 특히 거룩과 성령 세례, 구원의 메시지를 들을 때 즐거워합니다. 그러나 안타깝게도 그들은 회개하지 않고 경건의 모양만 취합니다. 또한 하나님의 진리를 단순한 삶의 자세로 바꾸어 버립니다. 하나님이 요구하시는 것은 바른 삶의 자세뿐 아니라, 진리 가운데 그분과 관계를 맺는 것입니다. 죄로 인해 발생하는 하나님을 향한 근본 자세는 '교만'으로, 그것은 하나님을 필요로 하지 않는 태도를 말합니다. 교만은 자기 자신을 숭배하는 것으로 삶의 가장 큰 무신론적 요소입니다.

당신은 영혼 깊은 곳에서 참된 회개를 했습니까, 아니면 단지 후회만 하고 있습니까? 마음 깊은 곳까지 꿰뚫어 보시는 하나님 앞에 나아가 모든 죄를 고백하십시오. 그렇지 않으면 하나님의 진리에 대해 공감만할 뿐, 여전히 죄 가운데 거하는 위험에 빠질 것입니다.

당신은 진정으로 회개했습니까, 아니면 단지 종교적인 자세만 취하고 있습니까? 당신은 회개 없이 진리에 공감만 하고 있지는 않습니까?

> **"** 내게 능력 주시는 자 안에서
> 내가 모든 것을 할 수 있느니라. 빌 4:13
>
> I can do everything through him
> who gives me strength. **"**

진리의 편에 서면 반드시 비방을 받게 됩니다.
그런데 이때 자신을 변호하면 모든 것을 잃게 됩니다.
그리스도를 위해 수치와 모욕을 참으십시오!
철저하게 멸시받는 자리까지 내려갈 수 있는 것이 성도의 능력입니다.
당신의 믿음은 이 능력으로 입증될 것입니다.

내가 거룩하니 너희도 거룩할지어다 레 11:45

옮긴이 스데반 황

미국 필라 웨스트민스터 목회학 석사와 펜실베니아 비블리컬 신학 석사를 받았고 필라 KITE 구약학 교수를 역임했다. 오스왈드 챔버스를 한국에 알리고자 토기장이와 함께 이 사역을 섬기고 있다. 역서로는 「오스왈드 챔버스의 산상수훈」 외에 다수가 있다.

「주님은 나의 최고봉」에서 못다 한 이야기
오스왈드 챔버스와 함께하는 하루

초판인쇄 • 2014년 11월 25일
초판발행 • 2014년 12월 5일

지은이 • 오스왈드 챔버스
옮긴이 • 스데반 황
발행인 • 임용수
대표 • 조애신
책임편집 • 설지원
편집 • 이소정
디자인 • 지은주, 임은미
마케팅 • 전필영
온라인마케팅 • 고태석
경영지원 • 김정희, 조창성, 이지현

발행처 • 도서출판 토기장이
주소 • 서울시 마포구 망원로 26 토기장이 B/D
출판등록 • 1990년 10월 11일 제2-18호
대표전화 • (02) 3143-0400
팩스 • (02) 3143-0646
E-mail • tletter@hanmail.net
www.t-media.co.kr
www.facebook.com/togijangibooks

ISBN 978-89-7782-322-8

값 11,000원

"우리는 진흙이요 주는 토기장이시니
우리는 다 주의 손으로 지으신 것이라"
(이사야 64:8)

※「이 도서의 국립중앙도서관 출판예정도서목록(CIP)은 서지정보유통지원시스템 홈페이지(http://seoji.nl.go.kr)와 국가자료공동목록시스템(http://www.nl.go.kr/kolisnet)에서 이용하실 수 있습니다.(CIP제어번호: CIP2014033697)」